평신도 제자훈련교재

교회를
세우는
사역

평신도 제자훈련교재
교회를 세우는 사역
평신도 사역자 훈련

발행일 : 초판 1쇄 인쇄 2009년 11월 2일
　　　　 개정판 1쇄 인쇄 2015년 3월 5일
발행인 : 김진호
편집인 : 유윤종
책임편집 : 강신덕
기획/편집 : 전영욱, 강영아
디자인/일러스트 : 권미경, 오인표
홍보/마케팅 : 강형규, 박지훈
행정지원 : 조미정, 박주영

펴낸곳 : 도서출판 사랑마루
　　　　 서울시 강남구 테헤란로 64길 17(대치동)
대표전화 : TEL (02) 3459-1051~2/ FAX (02) 3459-1070
홈페이지 : http://www.eholynet.org, http://www.ibcm.kr
등록 : 2011년 1월 17일 등록번호/ 제2011-000013호
값은 뒤 표지에 있습니다. 잘못된 책은 구입하신 곳에서 교환해 드립니다.
ISBN : 979-11-86124-05-5
ISBN : 979-11-86124-02-4(세트)

2

평신도 제 자 훈 련 교 재

교회를 세우는 사역

인도자용

평신도 사역자 훈련

목차 Contents

제6단원 사역자는 이단을 경계해야 합니다

교육과정개발: 이형로 박진숙

교재집필: 김대조 김대식 김덕주 박진숙 여성삼

　　　　　이준성 강종철 이형로 장원순 이동아

공동집필: 이시호 정현숙 정영호

개정집필: 김진영

평신도 제자훈련교재

1권
제1단원 나는 평신도 사역자입니다.
제2단원 사역자는 헌신합니다.
제3단원 사역자는 청지기입니다.

2권
제4단원 사역자는 받은 은사를 통해 일합니다.
제5단원 사역자는 말씀을 잘 알아야 합니다.
제6단원 사역자는 이단을 경계해야 합니다.

3권
제7단원 사역자는 영적으로 깨어있는 자입니다.
제8단원 사역자는 균형 있는 교회생활을 합니다.
제9단원 사역자는 중보기도자입니다.

4권
제10단원 사역자는 복음을 선포합니다.
제11단원 사역자는 세상에서 봉사합니다.
제12단원 사역자는 예비 사역자를 후원합니다.

평신도를 예수님의 제자로

평신도는 단지 예배 참석자가 아닙니다. 평신도는 목회의 동역자입니다. 평신도는 예수님의 제자로 세움을 입어서 주님의 명령(마 28:18-20)대로 살아가는 사명을 감당해야 합니다. 평신도들이 사역의 주체가 될 때, 주님의 아름다운 교회가 세워지고 하나님의 나라가 확장될 것입니다.

교단창립 100주년 교육사업의 일환으로 성결교회 평신도 제자화 교육과정을 개발하고 4종류의 교재를 만들었습니다. 바로 '새신자교재→세례교재→양육교재→제자훈련교재'입니다. 이 교재는 교회에 처음 나온 새신자도 반드시 사역자로 양성하겠다는 의지가 담겨있는 시리즈 교재입니다. 이 교재에 담겨있는 핵심 키워드는 '구원→믿음→생활→사역'입니다.

성결교회의 모든 신자들은 하나님의 은혜로 구원받아 온전한 믿음을 가지고 삶이 변화되어 주님의 사역자로 세움을 입어야 합니다. 교회에서는 새신자들이 언제든지 새신자교육과 세례교육을 받아서 온전한 신앙을 형성할 수 있도록 도와야 합니다. 그리고 양육과 사역교재를 통하여 평신도 사역자를 키워야 합니다. 만약 신앙연수가 오래되었는데 신앙이 성숙치 못한 신자가 있다면, 양육교재와 사역교재를 통하여 건강한 사역자로 세울 수 있을 것입니다.

성결교회의 새로운 100년을 맞이하여 목회현장에 실제적으로 도움이 될 교재가 개발된 것은 참으로 기쁘고 감사한 일입니다. 앞으로 평신도들이 주님의 몸 된 교회의 주체가 되고, 역사의 책임 있는 존재가 될 수 있도록 돕는 교재들이 지속적으로 개발될 것입니다. 주님의 아름다운 비전을 꿈꾸며 새 역사의 주인공이 됩시다.

기독교대한성결교회 총무 김진호 목사

일러두기
사역훈련 교재의 특징

① 본 사역훈련 교재는 성도를 사역자로 세우기 위한 교재입니다.

통계상으로 우리 나라에는 850만 명이 넘는 기독교인이 있습니다(2005년 인구센서스 결과). 그런데 그 많은 기독교인 중에서 주일에 예배를 드리는 것 이외에, 진지하게 성경을 공부하고, 교회를 섬기며, 예수님의 가르침대로 세상의 소금과 빛으로 살아가고자 하는 사람들은 얼마나 될까요? 주님은 우리를 자녀로 삼으시고 제자로 부르셨습니다. 하나님의 일을 위한 구경꾼이 아닌, 선수로 부르신 것입니다. 본 사역훈련 교재는 단순한 성경공부 교재가 아니라 예배만 드리던 신앙인을 교회와 사람, 그리고 하나님을 섬기는 일하는 사역자로 세우기 위한 훈련 교재입니다.

② 본 사역훈련 교재는 지식을 쌓기 위한 교재라기보다는 실천을 위한 훈련 매뉴얼입니다.

살아 있고 능력이 있는 하나님의 말씀(히 4:12)은 많이 아는 것도 중요하지만 우리의 삶 속에서 실천될 때 더 큰 의미를 갖습니다. 사역훈련 교재는 성경을 탐구하는 과정을 담고 있지만 성경에 대해서 아는 차원을 넘어서 말씀대로 살아가는 신앙인을 세우기 위한 훈련 매뉴얼입니다. 따라서 교재의 대부분이 일상생활에서 겪을 만한 상황이나 생각해 보아야 할 만한 주제와 내용을 담고 있습니다. 모임의 참가자들은 각 주제에 따라 함께 고민하고, 결단하고, 실천하는 삶을 연습하게 됩니다. 사역훈련 과정은 어느 정도의 양육을 통해서 건강하게 신앙생활을 하고 있는 성도가 한 단계 더 성장하여 목회자를 도와 목회자의 동역자로서 하나님께서 허락하신 사역의 한 부분을 감당할 수 있도록 성숙케 하는 데 그 목적이 있습니다. 이 교재를 잘 마치면 각 개인의 신앙에도 유익하겠지만, 교회적으로 볼 때 구역장이나 강사 혹은 교회의 각 리더(지도자) 등의 역할을 맡겨도 될 정도의 훈련이 이루어질 것입니다.

③ 본 사역교재의 교육과정은 성결교회의 신학을 바탕으로 합니다.

본 교재는 교단의 사중복음인 중생, 성결, 신유, 재림을 '성결교회 신학연구회'가 이 시대의 언어로 표현한 '생명', '사랑', '회복', '공의'의 신학적 설명을 그 범위로 하고 있습니다. 그래서 개인적 영혼 구원과 개인적 삶에 있어서의 성결을 넘어서서 사회의 보편 가치들에 대한 복음적 시각을 갖는 데까지 교육의 목표와 장(場)을 확대하였습니다. 성결교인이 그러한 신앙의 바탕 안에서 교회에서의 사역과 세상에서의 소금과 빛으로서의 역할을 하도록 돕는 것이 이 교재의 목적입니다. 따라서 이 교재는 생활의 모든 영역인 개인의 구체적인 문제는 물론이고 사회적, 문화적, 윤리적, 정치적, 생태적 차원까지 언급하고 있습니다.

④ 사역훈련 교재는 가르치고 배우는 교재가 아니라 서로 논의하는 장(場)입니다.

사역훈련 과정을 이끄는 인도자라면 단지 지식을 가르치려고만 하는 것은 바람직하지 않습니다. 물론 이 과정을 잘 인도하기 위해서 본 교재의 각 과가 이루고자 하는 목표와 그에 따른 내용들을 철저하고 꼼꼼하게 준비해야겠지만 기본적으로 학습자가 주어진 주제에 대해서 스스로 깨달을 수 있도록 인도하는 것이 바람직합니다. 또한 인도자가 준비하고 얻은 답뿐만 아니라 인도자와 학습자간에 나눔을 통해서 서로 은혜가 더욱 풍성해질 수 있도록 학습자를 배려해야 합니다.

4권, 각 권당 12과씩, 총 48개의 주제가 적지 않은 양이긴 하지만, 이것이 사역자로서 알고 새겨두어야 하는 모든 내용이 될 수도 없습니다. 하지만 이 48개의 주제를 다루며 배우고, 생각하고, 느끼고, 결단하고, 실천하는 과정을 통해서 한 단계 더 성숙된 평신도 지도자로 나아가는 데에 큰 도움이 될 것입니다. 본 교재를 바탕으로 모든 성도들이 교회뿐만 아니라 가정과 사회에서 주체적 존재가 되고, 성결교회의 교인으로서, 또한 그리스도의 제자로서 확고한 정체성을 가지며, 마침내 이 땅 위에서 하나님의 뜻대로 살아가고 하나님의 나라를 이루어 내는 하나님의 사람으로 거듭나게 되기를 바랍니다.

4단원
사역자는 받은 은사를 통해 일합니다

단원 설명

4단원에서는 사역자의 훈련에 있어서 은사의 문제를 다룬다. 사역자는 자신에게 주신 은사를 통해서 사명을 감당할 수 있어야 한다. 하나님의 형상대로 지음을 받은 사람은 저마다 타인과 구별되는 고유한 특성을 가진다. 이를 개성이라 부르기도 한다. 특별히 믿는 자들에게는 선천적으로 주어진 재능과 다른 예수 그리스도의 십자가 사건을 체험하고 성령의 능력을 체험함으로 인해 받은 능력이 있는데, 이를 '은사'라 한다. 하나님께서 부여하신 은사는 자신뿐만 아니라 공동체에도 유익이 된다. 헬라어 '카리스마'($\chi\alpha\rho\iota\sigma\mu\alpha$)로 표현되는 은사는 '하나님께로부터 온 선물'로, 믿는 자에게 성령에 의해서 주어지기 때문에 '신령한 은사'라 말하기도 한다. 성경에 나타난 은사는 그리스도의 몸인 교회의 유익을 위해, 하나님의 은혜를 따라 성령께서 교회의 각 사람에게 선물로 주신 특별한 능력이다. 성경에 나타나는 다양한 은사들, 즉 복음을 전하는 일, 목사, 교사, 섬김, 가르침, 위로, 구제, 다스림, 긍휼, 병 고침, 영

분별, 방언, 통역(롬 12:6-8, 고전 12, 엡 4:11) 등은 결국 교회의 유익과 교회를 세우는 데 봉사하도록 하기 위해 주신 것이다. 그러나 이러한 은사에 우열이 있는 것은 아니다. 모든 은사들은 각각 독특하고 절대적인 가치를 지니며 모두가 주님의 몸된 교회를 유익하게 하고 건강하게 세워나가기 위해 허락하신 것들이다. 은사는 예수 그리스도를 주로 시인하고 거듭나서 교회의 지체가 된 모든 사람들에게 주어진다. 그래서 성경은 성령께서 우리 각 사람에게 그리스도의 선물의 분량대로 은혜를 주셨다고 증언한다(엡 4:7). 그러므로 사역자는 우선 자신에게 허락하신 은사가 무엇인지를 확신 속에서 분별할 수 있어야 하고, 그에 합당한 훈련의 과정을 통해 주어진 은사를 통하여 교회를 세우고 그 은사를 허락하신 하나님의 영광을 위한 삶으로 헌신해야 한다.

은사는 무엇인가요?

배울말씀 에베소서 4장 1-12절

도울말씀 행 2:38, 고전 12:11

새길말씀 그가 어떤 사람은 사도로, 어떤 사람은 선지자로, 어떤 사람은 복음 전하는 자로, 어떤 사람은 목사와 교사로 삼으셨으니 이는 성도를 온전하게 하여 봉사의 일을 하게 하며 그리스도의 몸을 세우려 하심이라 (엡 4:11-12)

이룰 목표

① 자신이 생각하는 은사를 그림으로 표현한다.

② 은사는 성령에 의해 선물로 주어진 것임을 이해한다.

③ 은사의 목적이 교회에 봉사하기 위한 것임을 알고 실천한다.

교육흐름표

15 min	15 min	20 min	15 min	5 min
O.T.	관심	탐구	관점	실천

교육진행표

구분	오리엔테이션	관심갖기	탐구하기	관점바꾸기	실천하기
제목		내가생각하는은사	교회를 위한 선물 -은사	은사받은 자의 마음가짐	찬송가로 묵상하기
내용	환영 및 단원 개요 설명	은사 이미지	그리스도의선물	은사의 의미	하나님의은혜
방법	강의	그리기 및 생각 나누기	성경 찾아 답하기	생각 나누기 및 강의	찬송가묵상
준비물	출석부	그리기도구	성경책	성경책	
시간(70분)	15분	15분	20분	15분	5분

말씀과 주제이해

평신도 사역자가 되기 위해서는 자신에게 주어진 소명을 발견해야 한다. 소명을 발견할 수 있는 방법들은 다양하다. 기도, 묵상, 상담 등을 통해 소명을 확인할 수 있다. 그러나 무엇보다도 중요하며 우선적인 것은 하나님께서 자신에게 주신 은사를 발견하는 일이다. 왜냐하면 은사를 발견하면 소명을 보다 쉽고 분명하게 깨달을 수 있기 때문이다.

4단원에서 다루게 될 네 과를 통해 은사의 개념과 종류를 이해하고, 자신이 받은 은사가 무엇인지를 점검한 다음, 그 내용을 기반으로 하여 교회의 어떤 사역 분야에서 봉사할지를 결정하게 될 것이다.

'은사'는 무엇인가? 신약에서 은사는 헬라어 '카리스마'(charisma)에서 온 것으로 '하나님께로부터 온 선물'(gift from God, 은혜)을 의미한다. 이 선물은 성령에 의해서 주어지기 때문에 종종 '신령한 은사'로 표현되기도 한다. 성경에 나타난 은사에 대한 가르침의 내용들을 종합하면 "은사란 그리스도의 몸인 교회의 유익을 위해, 성령께서 하나님의 은혜를 따라 교회의 각 사람들에게 선물로 주신, 특별한 능력이다." 이러한 은사의 개념을 좀 더 자세히 살펴보면 다음과 같다.

1. 은사의 목적은 교회의 유익을 위함이다.

교회는 그리스도의 몸이다. 은사는 그리스도의 몸을 세우기 위해 각 성도들에게 주어진 것이다. 목회자는 교회에 관한 전문적인 교육을 받은 사역자이다. 그러나 목회자가 교회의 모든 일을 담당하는 것은 불가능할 뿐만 아니라 바람직하지도 않다. 그렇다면 하나님께서 원하시는 교회의 모습은 무엇인가? 바로 모든 성도들이 은사를 활용해서 적극적으로 일하는 교회이다. 다양한 은사를 받은 평신도들이 교회의 일을 하게 되면 교회가 더욱 역동적이되고, 건강해지며, 결국에는 성장하게 된다. 이것을 위한 목회자의 역할은 성도들을 구비시켜서 그들로 하여금 봉사의 일을 할 수 있도록 돕는 것이다.

2. 은사는 성령께서 주신 선물이다.

성령의 은사는 하나님의 사랑에 기반을 둔다. 하나님께서 우리를 사랑하시기 때문에 아무런 대가 없이 은사를 선물로 주신다. 선물의 종류와 양은 주는 사람이 결정하는 것이지, 받는 사람이 결정하는 것이 아니다. 은사도 선물이기 때문에 은사의 주도권이 나에게 있는 것이 아니라 하나님께 있다. 이와 같이 은사가 우리의 공로로 얻어진 것이 아니므로 우리는 은사를 자랑하거나 은사로 인해 교만에 빠져서는 안 된다.

우리에게 은사를 주시는 분은 성령님이시다. 성령님은 우리를 보호하시고, 인도하시며, 가르쳐 주신다. 성령님은 거듭난 하나님의 자녀들이 성령으로 충만하도록 세례를 베푸심으로 이 땅에서 신앙인으로 승리하며 살아가도록 믿음을 주신다. 성령님은 신자들에게 은사를 선물로 주시고, 사람들로 하여금 은사와 소명을 확신하도록 도우신다. 은사를 올바르게 사용하기 위해서는 은사의 원천이 되시는 성령님을 의지하고 그분과 깊은 교제를 나누기 위해 힘써야 한다.

3. 은사는 교회의 지체들에게 주어진다.

성령님은 교회에 속한 각 지체들에게 은사를 주신다. 각 지체들은 고유하고 독특한 은사를 선물로 받는다. 따라서 내가 받은 은사가 다른 사람이 받은 은사와 같지 않다. 은사가 다양하기 때문에 교회가 다채로운 사역들을 감당할 수 있고, 이로써 교회의 생명력과 기능이 유지된다. 교회의 모든 지체들은 자신에게 주어진 은사를 발견하고 활용하는 데에 힘써야 한다.

4. 은사는 특별한 영적 능력이다.

은사는 성령의 열매와 구분된다. 성령의 열매는 주로 인격적인 성숙과 관련이 있다. 성령의 열매는 일상생활에서 성령께 복종하며 말씀을 지키는 가운데 영글어진다. 반면, 은사는 대부분 교회의 사역과 관련된다. 즉 은사는 교회의 일을 하기 위한 능력을 의미한다. 우리는 은사를 활용하면서도 성령의 열매를 맺기 위해 늘 노력해야 한다. 이러한 노력이 있을 때 은사를 잘못 활용하여 일어날 수 있는 부작용들을 막을 수 있다. 고린도교회의 경우 성도들이 은사는 풍성했지만, 영적으로는 매우 무질서해서 열매 맺는 데 장애가 되었다.

은사는 선천적인 재능과 구분된다. 재능은 모든 사람에게 있다. 그러나 은사는 예수 그리스도의 십자가 사건을 체험하고 성령의 능력을 경험한 신자들에게만 선물로 주어지는 것이다. 그러므로 불신자들에게 어떤 은사가 있다고 하는 것은 옳지 않다.

평신도제자훈련교재
관심갖기　　　　　　　　　　**내가 생각하는 은사**

여러분은 은사를 무엇이라고 생각하나요? 1분 동안 은사에 대해서 생각해 보고, 빈칸에 '은사' 하면 생각나는 그림을 그린 후 의미를 설명해 봅시다.

예)

김집사 - 은사는 고무장갑과 같다고 생각한다. 그 이유는 은사가 하나님의 일과 관련된 것으로, 내가 집안일을 열심히 하듯 고무장갑을 끼고 열심히 해야 할 일이라고 생각하기 때문이다.

1. 그림 그리기 활동이 장년인 참여자들에게는 생소한 활동일 수 있다. 그렇기 때문에 처음에는 학습자들이 당황하여 잠시 머뭇거릴 수 있다. 따라서 인도자는 최대한 분위기를 편안하고 자유롭게 유도하고 그림을 잘 그리는 데 목적이 있는 것이 아니라 생각을 나누는 데 목적이 있음을 강조한다.
2. 위에서 언급한 것처럼 이 과정은 그림을 잘 그리는 데 목적이 있는 것이 아니라 각자가 생각하는 은사의 의미가 담길 수 있도록 상징이나 특징을 담는 것이 중요하다.
3. 인도자가 미리 자신이 준비한 그림을 보여주고 그 의미를 설명하여 예시를 보여주는 것이 효과적이다.
4. 너무 길어지지 않도록 시간 조절에 유의한다. 대략, 생각하는 시간 1분, 그리는 시간 2분, 발표하는 시간 각 사람마다 1분 정도면 적당하다.
5. 인도자는 모든 그림과 생각에 대해서 적극적으로 칭찬하고 격려하며 의미를 부여한다.

탐구하기   교회를 위한 선물 – 은사

배울말씀인 에베소서 4장 1-12절을 읽고 다음 물음에 답해 봅시다.

1. 바울은 현재 어떠한 상태에 있습니까? 그리고 왜 이 편지를 쓰고 있습니까?
   (1, 3절)

　　바울은 감옥에 갇힌 상태다. 바울은 성령이 하나 되게 하신 것을 힘써 지키게 하려고(교회의 하나 됨) 에베소교회에 편지를 쓰고 있다.

'주 안에서 갇힌 내가'라는 구절에는 바울이 그리스도에 대해 충성하다가 그 이유로 감옥에 갇혔다는 의미가 담겨 있다. 이러한 표현을 통해 바울은 앞으로 자신이 권면하고자 하는 내용의 진실성과 권위를 부여하고 있다.

<table>
<tr><th>함께 읽어봅시다</th><th>에베소서</th></tr>
</table>

에베소교회는 바울이 3차 전도여행에서 약 3년 간 밤낮으로 쉬지 않고 눈물로 목회한 교회다. 에베소서는 바울이 이 교회를 위해 옥중에서 보낸 편지다. 에베소는 소아시아의 수도로, 로마의 행정과 교통의 중심지였다. 바울은 2차 선교 여행을 할 때 이 성에서 전도하였고, 3차 선교여행 때에는 이곳에서 세례를 주고 안수를 했을 때 성령의 놀라운 역사가 일어났다. 그럼에도 불구하고 에베소교회를 포함한 당시의 아시아의 교회들은 이방인과 유대인이 섞여 있었기 때문에 늘 분열의 위험에 처해 있었다. 이러한 사실을 알고 있던 바울은 그리스도 안에서 이방인과 유대인이 하나가 되어 한 몸(교회)을 이룰 것을 권면하고자 했다.

2. 교회가 하나 되기 위해 성도들이 가져야 할 덕목은 무엇입니까? (1~3절)

겸손, 온유, 오래 참음, 사랑, 서로 용납함

바울은 자신이 옥중에 있으면서도 에베소교회를 향해 간절하게 권고하고 있다. 자신이 갇힌 처지보다 에베소교회의 분열이 더 안타까웠기 때문이다. 바울은 교회의 하나 됨을 원하고 있다. 어느 교회건 그 안에는 서로 다른 생각을 가진 성도들이 있기에 성도들 간에 갈등과 분열의 위험이 늘 존재한다. 그러나 성도들은 그리스도 안에서 모든 갈등을 넘어서서 한 몸 공동체를 이루도록 부르심을 받았다. 바울은 이것을 위해 성도들이 힘써 실천해야 하는 덕목들이 무엇인지를 일러 주었다.

3. 하나님께서 교회의 성도들인 우리 각 사람에게 주신 것은 무엇입니까? (7-8절)

그리스도의 선물, 곧 은혜

여기에서의 '은혜'는 '은사'와 같다고 볼 수 있다(롬 12:1, 고전 12:4). 한편 '그리스도의 선물의 분량대로'는 '은사'와 동일시되는 '은혜'가 그리스도로부터 비롯된 것임을 보여 준다. 다른 신약성서 본문들에서는 '선물'이나 '은사'가 성령에게서 비롯된 것으로 나타난다(고전 12장 참고). 그러나 이 두 가지 표현은 서로 모순되는 것이 아니다. 그리스도는 모든 은혜의 수여자이며 성령을 통해서 은사를 수여하시기 때문이다.

4. 하나님께서는 어떤 사람은 사도로, 어떤 사람은 선지자로, 어떤 사람은 복음 전하는 자로, 어떤 사람은 목사와 교사로 삼으셨습니다. 이것을 통해 볼 때, 다음 문장 중에서 올바른 생각이 담긴 문장은 무엇일까요? (11절)

> · 교회의 다양한 사역들은 어떤 특정한 한 사람이 담당해야 한다. (　　)
> · 교회의 다양한 사역들은 여러 사람에 의해서 이루어져야 한다. (O)

초대교회가 설립된 이후로 교회의 규모가 커지고 사역이 점차 다양해졌다. 그래서 몇 명의 사역자만으로는 교회의 일을 감당할 수 없는 형편에 처하게 되었다. 하나님은 교회의 일을 여러 부분으로 나누어서 각 사람에게 맡기시고 그들에게 필요한 은사를 주셨다. 하나님은 모든 지체들이 협력해서 사역을 이루는 교회의 모습을 원하신다.

5. 그리스도께서 성도들에게 각각 다양한 은사와 직분을 선물로 주신 목적은 무엇입니까? (11-12절)

성도를 온전하게 하여 봉사의 일을 하게 하며 그리스도의 몸을 세우기 위함이다.

하나님께서 우리에게 은사를 주신 이유는 우리의 만족과 자랑을 위해서가 아니다. 오히려 은사를 주신 목적은 실용적인 데 있다. 우리에게 은사를 주신 목적은 그리스도의 몸을 온전히 세우는 것이다. 그리스도의 몸을 이루는 각 지체들이 건강하게 자신의 역할을 감당할 때 몸 된 교회가 온전해진다. 그러므로 신자들은 자신에게 주어진 은사를 발견하고 활용하도록 노력해야 한다.

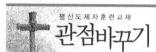 은사 받은 자의 마음가짐

1. '관심갖기'에서 은사의 의미라고 생각해서 그린 그림을 다시 한 번 확인해 봅시다. 은사에 대해 처음에 갖고 있던 자신의 생각과 배울말씀인 에베소서 4장 1-12절의 말씀을 배운 후에 알게 된 은사가 같은 점과 다른 점이 무엇인지 서로 나누어 봅시다.

   예) 1. 나의 그림은 에베소서의 말씀 중 00 부분과 일치한다.
      2. 나는 특정한 소수의 사람에게만 은사가 있는 것으로 그림을 그렸는데, 성경은 은사가 모든 사람에게 있다고 가르치신다.
      3. 나는 은사가 선천적으로 타고난 것으로 생각하고 그림을 그렸는데, 성경은 은사가 성령께서 선물로 주신 것이라고 가르치신다.

   진행할 때, 참여자들이 자기 그림을 비판하는 쪽으로 치우치지 않도록 주의해야 한다. 틀린 것을 지적하는 것이 목적이 아니다. 참여자들의 그림이 성경의 가르침과 다를 경우라도 긍정적으로 평가하고 잘못 알고 있던 내용을 바로 알게 된 것에 의미를 느낄 수 있도록 진행한다. 한 사람이나 한 생각에 시간이 지체되지 않도록 주의한다.

2. 은사가 하나님께서 각 개인에게 주신 '선물'이라는 사실을 기억할 때, 이 은사를 대하는 우리의 태도는 어떠해야 할까요?

1. 은사는 나의 노력이나 업적에 따라 주어진 것이 아니라 거저 주어진 선물이다. 그러므로 은사에 대해서 겸손해야 한다(행 2:38).
2. 선물의 종류, 양(정도), 때(시기)는 전적으로 선물을 주는 사람의 의지에 달려 있다. 마찬가지로 은사도 그 주권이 성령님께 있음을 기억해야 한다(고전 12:11).

성령의 은사는 하나님의 섭리에 따라 각 사람의 사명에 맞게 주어지는 것이기 때문에 누구에게나 다 똑같은 은사가 주어지는 것이 아니다. 그렇기 때문에 우리는 서로가 가지고 있는 은사를 비교하면서 우월감이나 시기심을 갖지 말아야 한다. 모든 은사는 하나님께서 주신 선물이므로 모두 다 귀하다는 것을 기억하자.

3. 오늘의 배울말씀은 은사의 목적이 그리스도의 몸을 세우는 데 있으며, 은사가 하나님의 자녀가 된 모든 사람들에게 주어졌다고 가르치고 있습니다. 우리가 받은 은사를 교회 안에서 활용하고자 할 때 유념 또는 주의해야 할 점은 무엇이 있을까요? 다음에 주어진 성경의 말씀을 읽고 생각을 정리해 봅시다.

> (고전 10:31)
> 그런즉 너희가 먹든지 마시든지 무엇을 하든지 다 하나님의 영광을 위하여 하라
>
> (빌 2:1-4)
> 그러므로 그리스도 안에 무슨 권면이나 사랑의 무슨 위로나 성령의 무슨 교제나 긍휼이나 자비가 있거든 마음을 같이하여 같은 사랑을 가지고 뜻을 합하며 한마음을 품어 아무 일에든지 다툼이나 허영으로 하지 말고 오직 겸손한 마음으로 각각 자기보다 남을 낫게 여기고 각각 자기 일을 돌볼 뿐더러 또한 각각 다른 사람들의 일을 돌보아 나의 기쁨을 충만하게 하라

> (벧전 2:9)
> 그러나 너희는 택하신 족속이요 왕 같은 제사장들이요 거룩한 나라요 그의 소유가
> 된 백성이니 이는 너희를 어두운 데서 불러 내어 그의 기이한 빛에 들어가게 하신
> 이의 아름다운 덕을 선포하게 하려 하심이라

예) 1. 은사를 활용할 때 나의 영광을 구하지 않고 하나님과 교회의 유익을 구한다
  (고전 10:31).

2. 다른 사람에게 주어진 은사가 하나님께로부터 온 것임을 생각하며 존중한다
  (빌 2:1-4).

3. 전문적인 신학 교육을 받은 목회자뿐만 아니라 평신도인 나도 교회를 위해
  일해야 하는 사명이 있다(벧전 2:9). 등

이밖에도 은사를 활용할 때 기억해야 할 것들이 있다. 첫째, 은사를 가볍게 여기지 말고 귀하게 여겨야 한다(딤전 4:14). 둘째, 은사를 잘 간직해야 한다(딤후 1:6). 셋째, 더욱 더 큰 은사가 사랑의 은사임을 기억하고 모든 일에 사랑으로 행한다(고전 12:31).

평신도제자훈련교재
실천하기   찬송가로 묵상하기

하루에 한 번씩 정해진 시간에 아래에 주어진 찬송가를 부르며 묵상의 시간을 갖도록 합니다. 찬송을 부르며 하나님께서 주신 은혜를 누리고 찬양의 가사를 통해 주시는 하나님의 은혜를 다음의 표에 기록해 봅시다. 한 주간의 기록을 다음 모임에서 함께 나누도록 합시다.

	찬송가 및 묵상 내용	메모
요일	찬송가 191장 (통일 427장) 내가 매일 기쁘게 주제 성령님과 동행하기	좁은 길을 걸을 때도 주님이 나와 함께하신다. 어려움 중에도 항상 기뻐하자.
요일	찬송가 429장 (통일 489장) 세상 모든 풍파 너를 흔들어 주제 주님이 주신 선물을 기억하기	받은 복을 세어 보아라. 주의 크신 복을 네가 알리라.
요일	찬송가 214장 (통일 349장) 나 주의 도움 받고자 주제 내 삶을 주님께 드리기	주님은 내 모습 이대로 받아 주신다. 죄인이었던 내게 찾아와 주신 주님
요일	찬송가 450장 (통일 376장) 내 평생 소원 이것뿐 주제 주님을 위해 살기	살같이 빠른 광음을 주 위해 아끼세. 온 몸과 맘을 바치고 힘써서 일하세.
요일	찬송가 208장 (통일 246장) 내 주의 나라와 주제 교회를 사랑하기	교회를 내 집보다 더 사랑하는 마음을 주소서.
요일	찬송가 330장 (통일 370장) 어둔 밤 쉬 되리니 주제 충성을 다하기	짧은 인생임을 기억하고 일할 수 있을 때 기쁜 마음으로 하게 하소서.
요일	찬송가 212장 (통일 347장) 겸손히 주를 섬길 때 주제 겸손과 온유함으로 섬기기	겸손히 주를 섬길 때 괴로운 일이 많으나 구주여 내게 힘 주사 잘 감당하게 하소서.

되도록이면 하루 중 어떤 시간을 정하도록 한다. 딱 한 번 부르고 끝내지 말고 은혜가 임할 때까지 반복해서 부르는 것이 좋다. 은혜로 다가오는 구절이 있으면 그 부분만 반복해서 부르는 것도 좋은 방법이다. 찬양을 통해 주어지는 깨달음이나 은혜가 되는 가사의 부분, 혹은 자신의 경험과 관련된 일이 있으면 오른쪽 빈칸에 기록하고 다음 모임에서 서로 나누도록 한다. 사역자 교육의 목적은 그들이 행동하는 일꾼이 되게 하는 데 있다. 이 점에서 볼 때 은사에 대한 지식을 갖게 하는 것만으로는 불충분하다. 반드시 그들이 배운 내용을 자신과 관련된 것으로 성찰하도록 해야 한다. 이를 위하여 인도자는 학습자들이 위의 표를 반드시 실천하도록

격려해야 한다. 인도자는 학습자들이 일상의 분주한 생활 가운데서 위의 내용들에 집중할 수 있도록 중보기도를 하고, 중보기도하고 있다는 것을 모두가 함께 공유하는 것이 구체적인 격려가 될 수 있음을 기억하자. 메일이나 전화 문자를 통해 격려하는 것도 좋은 방법이다.

새길말씀 외우기

그가 어떤 사람은 사도로, 어떤 사람은 선지자로, 어떤 사람은 복음 전하는 자로, 어떤 사람은 목사와 교사로 삼으셨으니 이는 성도를 온전하게 하여 봉사의 일을 하게 하며 그리스도의 몸을 세우려 하심이라 (엡 4:11-12)

다함께 드리는 기도

1. 오늘 배운 말씀과 내용을 생각하며 다함께 기도하는 시간을 갖도록 합시다.
2. 오늘 참석한 구성원들을 위해서 이름을 불러 가며 중보의 기도를 합시다.
3. 오늘 참석하지 못한 구성원이 있으면 그 사람을 위해 더욱 뜨거운 마음으로 기도합시다.
4. 한 주간의 삶을 통해서 오늘 배우고 익힌 내용들을 삶으로 살아갈 수 있도록 기도합시다.
5. 하나님의 은혜 가운데서 한 주를 살고, 다음 모임 시간에 모두가 모일 수 있도록 기도합시다.

＊사역자로서 이 과를 마치고 난 느낌이나 소감, 다짐 등을 간단하게 말해 봅시다.

다음 모임을 위하여

1. 다음 주에 읽어야 할 성경말씀을 읽고 확인합시다.
2. 14과의 배울말씀인 고린도전서 12장 1-27절을 읽고 묵상합시다.

평신도제자훈련교재
평가하기

평가항목	세부사항	그렇다	그저 그렇다	아니다
인도자의 준비도	인도자는 본 과의 교육목적을 이룰 수 있도록 충분하게 준비했습니까?			
교육목표의 성취도	1. 학습자들은 자신의 잘못된 선입견과 고정관념을 버리고 순수한 마음으로 주님을 만날 준비가 되었습니까? 2. 학습자들이 예수에 대하여 지식적으로 아는 (know) 단계에서 체험적으로 아는(see) 단계로 발전하고자 결단하게 되었습니까?			
학습자의 참여도	학습자들이 진지하고 적극적인 태도로 성경공부에 임했습니까?			
성경공부의 분위기	성경공부를 하는 동안 학습자들이 편안한 분위기를 느낄 수 있었습니까?			
기타 보완할 점	기타 보완할 점이나 건의사항이 있습니까?			

성경 읽기표

읽을 범위		월 일 주일	월 일 월요일	월 일 화요일	월 일 수요일	월 일 목요일	월 일 금요일	월 일 토요일
	구약	주일은 설교말씀 묵상	왕상 1~4장	왕상 5~8장	왕상 9~12장	왕상 13~16장	왕상 17~20장	왕상 21~22장
	신약		요 5장	요 6장	요 7장	요 8장	요 9장	요 10장
확인								

MEMO

14 은사는 다양합니다

평신도 제자훈련교재

배울말씀 고린도전서 12장 1-27절

도울말씀 롬 12:6-8, 고전 1:11-12; 14:1; 14:37; 16:17; 16:8, 엡 4:11

새길말씀 은사는 여러 가지나 성령은 같고 직분은 여러 가지나 주는 같으며 또 사역은 여러
가지나 모든 것을 모든 사람 가운데서 이루시는 하나님은 같으니 (고전 12:4-6)

이룰 목표

① 은사의 다양성을 이해한다.

② 은사의 종류와 각 은사의 특징을 파악한다.

③ 서로 다른 은사의 가치를 인정하고 다른 은사를 통한 사역을 존중하는 태도를 갖는다.

교육흐름표

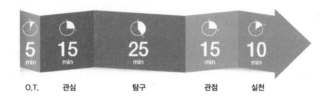

5 min	15 min	25 min	15 min	10 min
O.T.	관심	탐구	관점	실천

교육진행표

구분	오리엔테이션	관심갖기	탐구하기	관점바꾸기	실천하기
제목		내가 알고 있는 것들	같음과 다름	다름의 가치	특별해서 더욱 소중한 당신
내용	환영 및 개요 설명	은사의 종류	다양함의 이해	다양한 은사의 유익	우리교회의 다양한 은사확인
방법	강의	활동 및 생각 나누기	성경 찾아 답하기	활동 및 생각 나누기	격려하기, 칭찬하기
준비물	출석부	포스트잇, 펜, 화이트보드	성경책		
시간(70분)	5분	15분	25분	15분	10분

말씀과 주제이해

  은사는 다양하다. 성령께서는 각 사람들에게 각기 다른 은사를 주신다. 그래서 교회의 다양한 필요들이 다양한 은사들을 통해서 채워질 수 있게 된다. 교회의 지체들은 자신에게 주어진 은사를 따라서 그리스도의 몸 안에서 독특한 역할들을 담당한다.

  특별히 우리는 바울의 서신들에서 그가 은사의 다양성을 강조했다는 점을 발견하게 된다. 바울은 고린도전서 12장에서 영적인 은사에 대해 상세하게 설명했고, 로마서 12장 6-8절과 에베소서 4장 11절에서는 다양한 은사들에 대한 목록을 제시하였다. 이들을 정리해 보면 다음과 같다.

본문	은사의 종류
로마서 12장 6-8절	예언, 섬김, 가르침, 위로, 구제, 다스림, 긍휼
고린도전서 12장(일부)	지혜의 말씀, 지식의 말씀, 믿음, 병 고침, 능력 행함, 예언함, 영 분별, 방언, 방언을 통역함, 사도, 선지자, 교사, 서로 도움, 다스림
에베소서 4장 11절	사도, 선지자, 복음 전하는 자, 목사, 교사

  독특한 것은 위의 본문들이 모두 그리스도의 몸이라는 개념과 관련을 맺으면서 서술되고 있다는 점이다. 또한 위 표의 내용을 보면 다양한 은사들 중에서 어떤 것은 일상적이고 자연스러운 현상에 속하지만, 그와는 달리 '이적'이나 '병 고침'과 같이 신비스럽고 초월적인 것들도 있다는 것을 알 수 있다.

  잊지 말아야 할 것은 다양한 은사들 사이에 우열은 없다는 것이다. 모든 은사들은 각각 독특하고 절대적인 가치를 지닌다. 그런데 본 과의 배울말씀의 배경이 되는 고린도교회에서는 그리스도인들 사이에 어떠한 특정한 은사를 추구하는 경향이 있었다. 즉, 방언이나 예언과 같이 눈에 띄는 은사를 절대적인 것으로 여겨서 이 은사를 받았느냐 안 받았느냐에 따라 공동체 안에서 경중이 매겨지고 이것이 긴장과 다툼을 불러일으켰던 것이다. 바울은 이러한 문제점을 분명하게 지적해 주었다. 그는 그리스도의 몸을 이루는 지체들이 한 부분이라도 소외되어서는 안 된다고 하였다. 바울은 오히려 연약한 자에게 귀중함을 더하시는 하나님의 관점을 배워서 그들의 가치를 존중해야 한다고 하였다(고전 12:22-27). 우리는 교회 안에서 모든 은사가 그리스도의 몸 된 교회의 건강과 생존에 매우 결정적인 역할을 하고 있다는 점을 인정하고 각 지체에게 있는 은사를 귀하게 여겨야 한다.

평신도 제자훈련교재
관심갖기　　　　　　　　　　　　**내가 알고 있는 것들**

은사의 종류에는 어떤 것들이 있을까요? 또 은사에 관련된 이야기에는 어떤 것들이 있을까요?

아래의 이야기들을 읽어 보고, 준비된 종이(큰 사이즈의 포스트잇, 또는 A4 용지를 4등분한 것)에 내가 기억하고 있는 은사를 적어서 함께 확인해 봅시다. 또 그 은사를 생각하면 떠오르는 사람이나 상황들이 있으면 서로 이야기 나누어 봅시다.

준비물: 큰 사이즈의 포스트잇 또는 A4용지를 4등분한 종이

효과적인 진행을 위하여

1. 이 활동은 학습자들이 이미 알고 있는 은사의 종류에 대한 지식을 기억하게 함으로써 교육 내용에 관심과 흥미를 갖도록 하기 위한 것이다. 생각이 떠오르는 대로 은사들을 적게 한다. 정답보다는 되도록 많은 은사를 제시하도록 하는 데 목적을 둔다.
2. 은사들이 적힌 종이를 벽면에 붙여도 되고, 함께 사용하고 있는 테이블 위에 펼쳐 놓아도 된다.
3. 특별히 순서를 정하지 않는다.
4. 이 활동이 효과적으로 이루어지기 위해서 어떠한 단어라도 발표할 수 있도록 자유롭고 편안한 분위기를 유도하고 격려한다.
5. 인도자는 가능한 한 포스트잇이나 종이를 미리 준비해서 준비가 된 시간이라는 느낌을 가질 수 있도록 배려하자. 혹 포스트잇이나 종이를 따로 준비하지 못했으면 그림의 빈칸에 적어도 된다.

배울말씀인 고린도전서 12장 1-27절을 읽고 물음에 답해 봅시다.

1. 바울은 고린도교회의 신자들이 무엇에 대해 알기를 원하고 있습니까? (1절)

신령한 것

1절의 '신령한 것'이 무엇을 의미하는지는 다소 명확하지 않다. 일부의 학자들은 고린도전서 14장 37절에서 이 용어가 '신령한 자'로 사용되기 때문에 본문의 용어 역시 '신령한 사람'을 의미한다고 보았다. 또 다른 학자들은 '신령한 것'이라는 용어가 '은사'를 가리킨다고 주장한다. 대체적으로 본문의 문맥과 본 장의 주제 상 '신령한 것'의 의미는 '은사'를 가리키는 것으로 이해되어 왔다. NIV 성경에서도 '신령한 것'이 영적 은사(spiritual gifts)로 표현되어 있다.

함께 읽어봅시다 　고린도전서

고린도는 아가야 지방의 수도로, 육로와 수로를 사용할 수 있는 상업상 교통의 요지였다. 이러한 배경으로 인해 고린도에는 다양한 인종들이 모여 살았고, 각 곳에서 들어온 우상들도 많았다. 고린도인들은 매우 사치스러웠으며 윤리적으로 방탕한 생활을 하는 사람들이 많았다. 이러한 고린도에 바울은 교회를 세웠다. 바울은 글로에의 집 사람들을 통하여(고전 1:11), 고린도교회가 사도 바울에게 보낸 편지를 통하여, 고린도교회가 파송한 대표단인 스데바나, 브드나도, 아가이고(고전 16:17)를 통하여 고린도교회의 문제 상황을 알게 되었다. 고린도교회에는 바울, 아볼로, 게바와 같은 기독교 지도자들의 이름을 내세워 파당을 짓는 경향이 있었던 것이다(고전 1:12). 뿐만 아니라 고린도교회에는 계모와 같이 사는 부도덕한 생활 문제와 신자들간의 소송 문제도 있었다. 그래서 바울은 이러한 여러 문제에 대하여 실제적인 해답과 교훈을 주기로 하고 이 편지를 썼다. 바울은 제 3차 전도 여행을 하던 중에 에베소에 머물러 있으면서(고전 16:8) 이 편지를 기록하였다.

2. 바울은 교회의 신앙생활에 있어서 '여러 가지(different)' 것들이 있을 수 있다고 말하고 있습니다. 어떠한 것들이 다를까요? 세 가지를 적어 봅시다. (4-6절)

은사, 직분, 사역

4-6절의 흐름으로 볼 때 우리는 다양성과 일치성이 반복해서 대조를 이루고 있음을 알 수 있다. 비슷한 내용이 세 번씩이나 반복되는데, 여기에서 우리는 바울이 고린도 교회를 향해 가르치려 했던 핵심적인 내용을 발견할 수 있다. 즉, 교회 안에서 은사와 직분과 사역은 매우 중요한 요소이지만, 겉으로 드러나는 모습들은 매우 다양하고 그 성격이 다를 수 있다는 것이다.

3. 바울은 여러 가지 다른 것들이 있을 수 있음에도 불구하고 교회 내에서 같아야 (same)만 하는 것들이 있음을 가르쳐 주고 있습니다. 같아야만 하는 세 가지는 무엇인가요? (4-6절)

성령, 주, 모든 것을 모든 사람 가운데서 이루시는 하나님

바울은 교회 안에서 발견되는 다양성뿐만 아니라 일치성도 강조하였다. 은사를 주신 성령님이 한 분이시고, 직분을 통해 영광 돌릴 주님도 한 분이시며, 사역을 이루시는 하나님도 한 분이시라는 것이다. 이 점을 통해 바울은 교회의 구성원들이 은사, 직분, 사역과 관련된 문제들 때문에 서로 분열되어서는 안 된다는 점을 가르치려 했다. 교회의 일에 대한 생각과 입장이 다르더라도 모든 초점을 한 분이신 하

나님께 맞추어 다른 사람들을 존중하고 서로 조화를 이루어야 한다.

4. 배울말씀에서 언급된 아홉 가지의 은사들을 적어 봅시다. (8–10절)

절	은사의 종류
8절	지혜의 말씀, 지식의 말씀
9절	믿음, 병 고치는 은사(신유)
10절	능력 행함, 예언, 영 분별, 방언, 방언 통역

은사는 참으로 다양하다. 오늘 배울말씀 이외에도 로마서 12장 6–8절과 에베소서 4장 11절 등 여러 성경 본문에서 다양한 은사들을 말하고 있다. 그러므로 고정된 은사의 목록을 만들어서 은사의 수를 확정하거나 제한할 수 없는 것이다. 은사의 수를 제한한다면 그것은 바로 자유로우신 성령의 활동을 제한하는 것이다. 위에 언급된 은사들은 성령의 은사들 중에 단지 몇 가지 예일 뿐이다. 은사는 하나님께 서 모든 그리스도인들에게 성령을 통하여 다양하게 주시는 은혜의 선물이다.

5. 고린도전서 12장에서는 각기 다양한 은사를 받은 성도들을 지체로 표현하고 있습니다. 각 지체들은 몸의 특정 부분에 각기 다르게 배치되어 있습니다. 그 런데, 이러한 배치는 누구의 결정에 따라 이루어진 것입니까? (11, 18절)

성령이 행하사 그 뜻대로, 하나님이 원하시는 대로

이 부분에서 강조해야 할 것은 은사의 주권성이다. 즉 우리가 어떠한 은사를 받을 지가 전적으로 하나님의 뜻에 달려 있다는 것이다. 그 하나님의 뜻은 온전하시다. 왜냐하면 하나님께서는 모든 것을 아시고(시 33:13–15, 잠 15:3), 선하시며(막

10:18), 우리에게 늘 좋은 것을 주시기 원하시기 때문이다(민 6:24-26). 따라서 우리는 자신에게 주어진 은사를 인정하고 감사하는 태도를 가져야 한다. 우리가 받은 은사에 하나님의 따뜻한 배려와 아름다운 계획이 담겨 있음을 기억하자.

6. 하나님께서 원하시는 교회의 모습은 어떤 것입니까? 그 교회에서 발견되는 신자들의 관계는 어떠합니까? 고린도전서 12장 22-26절을 읽어 보고, 교회와 교회 내 관계들의 특징을 간추려 봅시다.

절	교회의 특징
22절	- 약하게 보이는 지체가 오히려 요긴한 역할을 하는 교회
23절	- 덜 귀하게 여겨질 것 같은 지체가 더욱 귀하게 여겨지는 교회 - 인간적인 관점에서는 아름답게 여겨지지 않는 지체가 더욱 아름답게 존중되는 교회
24절	- 무엇인가가 부족한 사람일수록 더욱 귀하게 여겨지는 교회
25절	- 분쟁이 없는 교회
26절	- 서로의 고통과 영광을 공유하는 교회

교회 안에서 은사의 '다름' 때문에 갈등이 생기는 경우가 종종 있다. 어떤 사람은 자신이 가지고 있는 은사에 우월감을 가지고 다른 사람에게 있는 은사의 가치를 인정하려고 하지 않는다. 또 어떤 사람은 자신의 은사에 대한 열등감으로 인해 늘 마음이 불편하다. 사실 이 문제는 고린도교회만의 문제가 아니라 모든 교회의 문제다. 우리는 자신에게 있는 은사와 자신이 할 수 있는 일을 소중히 여기면서 교회를 섬기는 데 중점을 두어야 한다. 또한 지체를 비판하기 보다는 이해하고 사랑하며 돌봐야 한다.

평신도 제자훈련교재
관점바꾸기   **다름의 가치**

1. 어느 교회가 성지 순례를 준비하면서 겪은 이야기입니다. 이 이야기 속에서 발견되는 은사의 종류를 찾아서 이야기해 봅시다.

성지순례

　△△ 교회가 창립 50주년을 맞이하여 성지순례를 가기로 했습니다. 김장로님은 성지순례를 떠나기 1년 전부터 여러 여행사들을 조사하고, 예산을 짜고, 인력을 배치하는 등 철저하게 성지순례를 계획하고 추진하였습니다. 그리고 최집사님은 성지순례 기간 동안 방문할 장소의 성경적이고 역사적 자료들을 모아 자료집을 만들어서 사람들에게 나누어 주었습니다. 최집사님의 부인인 안집사님은 성지순례 준비 위원들 가운데 분열된 마음이 있으니 함께 회개하고 한마음을 갖자고 제안을 했습니다. 어떤 성도님은 경제적인 형편 때문에 성지순례를 떠나지 못하는 어느 집사님을 위해 흔쾌히 무명으로 헌금을 하였습니다. 이 헌금으로 함께 성지순례를 떠날 수 있게 된 그 집사님은 여행 기간 동안 빽빽한 일정과 환경 차이 때문에 몸살이 난 많은 사람들을 위해 기도를 드렸습니다. 성지에서 강장로님은 자신의 사진 촬영 기술로 모두를 위해 예술 작품과 같은 사진을 찍어 주었습니다. 큰 기쁨이었습니다. 강장로님의 부인인 신권사님은 여행 기간 동안 한국에서 준비해 온 간단한 간식을 일행들에게 나누어 주었습니다. 성지순례의 막내는 강장로님의 아들이었습니다. 대학생인 그는 시내산을 올라가는 동안 힘들어서 뒤로 쳐지는 지체들을 격려하며 부축해 주었습니다. 모두가 함께 있었기에 모두에게 감동이고 기쁨이 넘치는 성지순례였습니다.

다스림, 지식, 영 분별, 구제, 신유, 예능, 대접하기, 돕기 등

어떤 사람이 어떤 은사를 가지고 있다고 생각하는지 자유롭게 이야기를 나누어 보자. 이후 아래의 표를 통해 다양한 은사들에 대해서 정리해 보자.

2. 우리는 고린도전서 12장에서 아홉 가지 종류의 은사를 발견하였습니다. 성경은 이 외에도 많은 은사들에 대해서 언급하고 있습니다. 아래의 표를 다 같이 읽어 보고, 각 부분에 해당하는 특징을 살펴본 후 표의 빈칸에 들어갈 적절한 단어를 보기에서 골라서 적어 봅시다.

보기

중보기도 긍휼 신유 목사 방언 돕기

종류	특 징
재주(기술/기능)	사역에 필요한 물건들을 창의적으로 디자인하고 만드는 능력
권위	신앙이 약해졌거나 어려움 가운데 있는 사람들을 위해 위로하고 권면하는 능력
돕기	다른 사람이 필요로 하는 것을 채워 주거나 일을 도와 주는 능력
다스림(행정관리)	공동체가 운영되는 원리를 알고, 공동체의 목표를 성취하기 위한 과정을 계획하고 실천하는 능력
통역	방언하는 사람의 메시지를 모국어로 교회에 알리는 능력
신유	병 고치는 능력(육체적, 정신적, 영적인 병들)
지식	계시나 성경의 통찰에 근거하여 교회에 진리를 전하는 능력
영 분별	진리와 비진리, 옳은 것과 그른 것을 구별할 줄 아는 능력
지도력	사람들에게 비전을 제시하고 동기를 부여하여 이끄는 능력
예능	예술 분야에서 하나님께 영광 돌리거나 하나님의 진리를 선포하는 능력
긍휼	동정이나 연민하는 마음을 행동으로 옮겨서, 고통 받고 있거나 도움이 필요한 사람을 실제적으로 돕는 능력

능력	하나님을 영화롭게 하는 초자연적인 방법을 통하여 하나님의 사역과 메시지를 증거하는 능력
교사(가르침)	사람들에게 하나님의 말씀을 가르치고 말씀대로 살도록 돕는 능력
믿음	하나님의 능력을 신뢰하고, 하나님의 계획을 따라 철저하게 행동으로 실천하는 능력
중보기도	다른 사람들을 위해서 끊임없이 기도 드리는 능력
예언	이해, 바르게 함, 회개 혹은 덕을 세우기 위해서 진리를 드러내고 선언하는 능력
방언	이전에는 알지 못했던 언어로 말하고 예배하며 기도 드리는 능력
구제	하나님의 일을 위해 돈과 물자를 인색하지 않게 기쁨으로 내어 놓는 능력
대접하기	사람들에게 음식, 잠자리를 제공하며 보살피는 능력
목사	사람들의 지속적인 영적 성장을 위해 양육하고 보살피며 지도하는 능력
선지자	하나님의 거룩한 진리를 선포하는 설교사역의 능력
전도	불신자들에게 복음을 전하고, 그들을 믿음으로 응답하게 하며, 제자가 되도록 하는 능력
지혜	영적 진리를 특별한 상황에 효과적으로 적용시키는 능력
사도	선교 또는 새로운 교회의 개척이나 사역, 조직체계의 개발을 시작하며 감독하는 능력

(『네트워크 은사배치 사역』, 빌 하이벨스 외, 『당신의 은사를 확인하고 개발하라』 제임스 H. 스미스에서 인용)

위와 같이 다양한 은사들은 모두 귀한 것들이다. 각 은사는 교회의 생존과 발전에 결정적인 영향을 미친다. 따라서 위의 은사들은 절대적 가치를 지닌다. 그렇다면, 우리는 각각의 은사가 잘 '활용'되고 있는지를 어떻게 평가할 수 있을까? 은사의 활용에 대한 평가 기준은 분명하다. 은사가 교회의 유익을 목적으로 한 것이기 때문에, 얼마나 교회를 유익하게 했는가가 '은사 활용'의 평가 기준이 된다.

교회는 운명 공동체입니다. 각 사람이 가진 은사는 교회의 건강과 성장에 결정적인 역할을 합니다. 이 모임에 함께 참석한 지체들에게는 어떤 은사가 있는지 생각해 보고 서로 칭찬합시다.

이름	은사의 종류	이유
안집사님	대접하기의 은사	안집사님의 세심한 대접이 공동체 안에서 내가 존중 받고 있다는 느낌을 가질 수 있도록 해 줍니다. 정말 감사해요.
송집사님	가르침	지난 주부터 송집사님과 설교 나눔의 시간을 갖는데, 어찌나 쉽고 재미있게 가르쳐 주시는지 설교가 더 잘 이해되고 감동이 돼요.

이 활동은 은사의 종류를 복습하고 서로 격려하는 데 목적이 있다. 자신의 옆 사람 (오른쪽 또는 왼쪽)에게 있는 은사가 무엇인지 생각해 보고, 그 이유를 말하도록 한다. 예를 들어, "저는 ○○ 자매가 대접하기의 은사를 받았다고 생각합니다. 그 이유는 ○○ 자매가 영아부 모임에서 간식 준비하는 것을 늘 즐거워하기 때문입니다. 아이들도 ○○ 자매의 간식을 참 좋아합니다."라는 식으로 할 수 있다. 만일 시간적인 여유가 있다면, 더 많은 사람이 더 많은 사람에 대해서 발표할 기회를 주도록 한다.

새길말씀 외우기 ···

은사는 여러 가지나 성령은 같고 직분은 여러 가지나 주는 같으며 또 사역은 여러 가지나 모든 것을 모든 사람 가운데서 이루시는 하나님은 같으니 (고전 12:4-6)

다함께 드리는 기도 ···

1. 오늘 배운 말씀과 내용을 생각하며 다함께 기도하는 시간을 갖도록 합시다.
2. 오늘 참석한 구성원들을 위해서 이름을 불러 가며 중보의 기도를 합시다.
3. 오늘 참석하지 못한 구성원이 있으면 그 사람을 위해 더욱 뜨거운 마음으로 기도합시다.
4. 한 주간의 삶을 통해서 오늘 배우고 익힌 내용들을 삶으로 살아갈 수 있도록 기도합시다.
5. 하나님의 은혜 가운데서 한 주를 살고, 다음 모임 시간에 모두가 모일 수 있도록 기도합시다.

＊사역자로서 이 과를 마치고 난 느낌이나 소감, 다짐 등을 간단하게 말해 봅시다.

다음 모임을 위하여 ···

1. 다음 주에 읽어야 할 성경말씀을 읽고 확인합시다.
2. 15과의 배울말씀인 고린도전서 12장 1-27절을 읽고 묵상합시다.

평신도제자훈련교재

평가하기

평가항목	세부사항	그렇다	그저 그렇다	아니다
인도자의 준비도	인도자는 본 과의 교육목적을 이룰 수 있도록 충분하게 준비했습니까?			
교육목표의 성취도	1. 학습자들은 자신의 잘못된 선입견과 고정관념을 버리고 순수한 마음으로 주님을 만날 준비가 되었습니까? 2. 학습자들이 예수에 대하여 지식적으로 아는 (know) 단계에서 체험적으로 아는(see) 단계로 발전하고자 결단하게 되었습니까?			
학습자의 참여도	학습자들이 진지하고 적극적인 태도로 성경공부에 임했습니까?			
성경공부의 분위기	성경공부를 하는 동안 학습자들이 편안한 분위기를 느낄 수 있었습니까?			
기타 보완할 점	기타 보완할 점이나 건의사항이 있습니까?			

성경 읽기표

읽을 범위		월 일 주일	월 일 월요일	월 일 화요일	월 일 수요일	월 일 목요일	월 일 금요일	월 일 토요일
	구약	주일은 설교말씀 묵상	왕하 1~4장	왕하 5~8장	왕하 9~12장	왕하 13~16장	왕하 17~20장	왕하 21~25장
	신약		요 11장	요 12장	요 13장	요 14장	요 15장	요 16장
확인								

내가 받은 은사는 무엇일까요?

배울말씀 고린도전서 12장 1~27절

도울말씀 롬 11:29; 12:1~5, 고전 7:7, 엡 4:7, 약 1:17, 마 10:30, 눅 12:7

새길말씀 그러므로 내가 너희에게 알리노니 하나님의 영으로 말하는 자는 누구든지 예수를 저주할 자라 하지 아니하고 또 성령으로 아니하고는 누구든지 예수를 주시라 할 수 없느니라 (고전 12:3)

이룰 목표

① 은사는 교회의 모든 지체들에게 주어진다는 사실을 안다.

② 다양한 방법들을 적용하여 은사를 발견한다.

③ 자신이 받은 은사를 감사하며 은사를 잘 활용하는 삶을 산다.

교육흐름표

5 min	10 min	20 min	20 min	15 min
O.T.	관심	탐구	관점	실천

교육진행표

구분	오리엔테이션	관심갖기	탐구하기	관점바꾸기	실천하기
제목		성경 속 인물의 은사	하나님께서 원하시는 대로	나의 모든 것을 아시는 하나님	나의 은사는
내용	환영 및 개요 설명	은사찾기	성령님의 선물인 은사	적절한 은사	은사 발견검사
방법	강의	강의 및 생각 나누기	성경 찾아 답하기	생각 나누기	활동 및 은사 확인하기
준비물	출석부		성경책		
시간(70분)	5분	10분	20분	20분	15분

말씀과 주제이해

'다양성'뿐만 아니라 '보편성'도 은사의 중요한 특성이다. 은사는 예수 그리스도를 주로 시인하고 거듭나서 교회의 지체가 된 모든 사람들에게 주어진다. 그래서 성경은 성령께서 우리 각 사람에게 그리스도의 선물의 분량대로 은혜를 주셨다고 증언하고 있다(엡 4:7). 이 글을 읽고 있는 인도자가 진정한 교회의 일원으로서 성령을 받았다면, 또한 은사도 받았다는 사실을 확신해야 한다.

교회의 모든 지체들이 자신에게 은사가 주어졌음을 알고 이를 개발하기 위해 노력해야 한다. 우리는 각자에게 주어진 은사를 발견할 수 있다. 이를 위한 많은 방법들이 있다. 스테드만(Ray C. Stedman) 목사는 자신의 책 『그리스도의 지체』에서 이렇게 말했다. "자연적 재능을 발견하는 것처럼 성령의 은사도 발견할 수 있다. 즉 과거에 무엇을 잘했는지, 지금은 어떤 취미를 갖고 있는지, 무엇을 가장 흥미진진하게 여기는지, 교회와 사회에서 가장 필요하다고 느끼는 것이 무엇인지 등을 고려하면 은사를 발견할 수 있다." 이처럼 은사를 발견하는 방법 중 하나는 우리가 신앙생활을 하면서 평소에 즐겨하거나 잘해 왔던 것을 되돌아보는 것이다. 나에게 주어진 은사가 무엇인지 알아야 그 은사를 가지고 교회를 위해 봉사하는 평신도 사역자가 될 수 있다.

지난 14과에서 배운 바와 같이 성령님께서는 다양한 은사를 우리에게 주셨다. 따라서 일반적으로 내가 받은 은사는 나의 주변 사람들이 받은 은사와 다르다. 바울도 말하기를 사람들이 각각 하나님께 받은 은사가 다르기 때문에 이 사람은 이러하고 저 사람은 저러하다고 하였다(고전 7:7). 우리는 자신에게 주어진 은사를 만족하고 감사해야 한다. 그 이유는 모든 은사가 하나님께로부터 온 귀한 것들이기 때문이다. 하나님은 변함이 없으시고 회전하는 그림자도 없으신 완벽하신 분이시다(약 1:17). 하나님은 우리에 대하여 우리 자신보다 더 잘 아신다(시 139:13, 마 10:30, 눅 12:7). 그렇기 때문에 바울은 하나님의 은사와 부르심에는 후회하심이 없다고 하였다(롬 11:29). 이런 것들을 잘 알고 깨달아 우리 모두가 하나님의 전능하심과 온전하심을 신뢰하고 주어진 은사를 감사하고 찬양을 드려야 한다.

 성경 속 인물의 은사

아래의 글을 읽은 후 질문에 대답해 봅시다.

> 성경은 많은 신앙의 인물들이 다양한 은사를 통해 하나님의 나라를 세웠음을 보여 줍니다. 브살렐의 기능의 은사는 광야에 하나님의 회막을 세웠습니다. 나단의 예언의 은사는 다윗 왕 앞에서 책망의 말을 전달할 수 있게 했고, 솔로몬의 지혜의 은사는 그의 법정에 수많은 사람들이 모여들게 만들었습니다. 다윗이 가진 음악의 은사는 사울의 고통스러운 질병을 치유하였고, 엘리야의 믿음의 은사는 3년 간 닫혔던 하나님의 문을 열어 비가 오게 했습니다. 베드로의 권위의 은사는 하루 삼천 명의 사람들로 하여금 회개하도록 만들었고, 바울이 가졌던 사도와 가르침의 은사는 이방인 선교 사역을 잘 감당케 하였습니다.
>
> (홍영기, 『은사코드』)

1. 위의 글처럼 하나님께서는 성경의 인물들에게 다양한 은사를 주시고 하나님의 일을 감당하게 하셨습니다. 위 인물들 이외에 성경 속 인물들의 은사에 대해서 서로 이야기를 나누어 봅시다.

   각자의 이야기를 들어 본다.

예를 들면 다음과 같다. (『성경의 인물들과 성령의 은사』 (오성춘 / 장로회신학대
학교 출판사)에서 인용)

① 아브라함의 믿음의 은사 : 아브라함은 믿음의 모델이다. 아브라함의 큰 믿음은
   수많은 사람들을 격려하고 하나님의 일을 성취하게 했다. 자기의 외아들 이삭
   을 모리아산에서 제물로 삼아 하나님께 제사 드리라는 하나님의 명령을 받고
   도 "하나님이 능히 죽은 자 가운데서 살리실 줄로 생각하여(히 11:18, 참조 히
   11:17-19)" 서슴지 않고 이삭을 데리고 모리아산으로 올라갔다. 그의 믿음은 지
   금도 살아서 주저하는 수많은 성도들을 격려하고 하나님의 말씀에 순종하여 여
   호와 이레의 하나님을 만나게 해 준다.

② 모세의 지도력의 은사 : 모세는 지도력의 은사를 가진 하나님의 종이었다. 모
   세에게는 병을 고치고, 기적을 행하고, 중보기도를 하고 예언하는 등 다양한 은
   사가 있었지만, 이 모든 은사들은 모세의 지도력의 은사를 보조하는 은사들이
   다. 모세는 근본적으로 이스라엘을 인도하기 위하여 부름을 받은 자다.

③ 베드로의 전도의 은사 : 베드로는 사도들의 대표로서 사도의 은사를 가지고 있
   었다. 또 병 고치는 은사, 기적을 행하는 은사, 믿음의 은사, 권면의 은사, 방언
   의 은사, 귀신을 쫓는 은사 등 다양한 은사를 가지고 있었다. 그러나 베드로의
   가장 중요한 주된 은사가 무엇인지 이야기하라면, 역시 전도의 은사를 이야기
   할 수 있을 것이다. 베드로는 한 번 설교로 3,000명의 제자를 얻었을 뿐 아니
   라, 공회 앞에서 담대히 전도하였고, 예수님의 명령을 따라서 예루살렘과 온 유
   다와 사마리아와 땅 끝까지 이르러 예수의 복음을 전도하는 모델이 되었다.

④ 바울의 독신의 은사 : 바울은 자기가 독신의 은사를 가지고 있다고 편지한다(고
   전 7:6-7). 바울은 병 고치는 은사, 방언의 은사, 가르침의 은사, 지식의 은사,
   지혜의 은사, 기적의 은사, 믿음의 은사, 사도의 은사, 전도의 은사 등 수많은

은사들을 가지고 있었다. 하지만 그는 자기의 은사로 독신의 은사를 주장한다. 그 이유는 그가 독신으로 있었기 때문에 오로지 주님만을 위하여 모든 것을 바치고 헌신할 수 있었으며, 이로 인해 그가 받은 다른 은사들이 더욱 빛나게 되었기 때문이다.

2. 내가 가지고 있는 은사는 무엇이라고 생각하는지 이야기해 봅시다.

각자 자신의 생각을 이야기한다.

이 부분은 학습자들로 하여금 각자 자신에게 있는 은사에 대해 관심을 갖게 하는 데 목적이 있다. 따라서 학습자들이 이 질문에 대해서 처음부터 정답을 말해야 하는 것은 아니다. 인도자가 이 점을 학습자들에게 분명히 알려주어 학습자들의 심적 부담을 덜어 준다. 이 부분은 도입 부분이므로 시간이 너무 지체되지 않도록 주의한다(이유를 설명하지 않고 단답형으로 대답해도 된다).

평신도 제자 훈련 교재
탐구하기   하나님께서 원하시는 대로

배울말씀인 고린도전서 12장 1-27절을 통해 은사에 대해서 다시 한 번 생각해 봅시다.

1. 성령으로 인해서 우리는 무엇을 고백할 수 있게 됩니까? (3절)

예수님을 주님으로 고백할 수 있게 된다.

고린도후서 11장 3-4절에 제시된 것처럼 다른 예수, 다른 영, 그리고 다른 복음으로는 예수님을 '주'로 고백할 수 없다. 오직 성령으로만 예수님을 '주'로 고백할 수 있다. 또한 이 내용은 다음과 같이 이해될 수 있다. 우리가 진실하게 예수님을 '주'로 고백할 수 있다면, 이미 우리 안에 성령님께서 내주하신다는 것을 의미한다. 이 부분에서 인도자는 학습자들에게 실존적인 질문을 던져야 한다. "여러분은 참으로 예수 그리스도를 주님으로 고백하십니까?", "성령께서 당신의 삶을 다스리고 계십니까?" 이 질문에 대한 대답이 오늘 교육 내용의 초석이 될 것이다.

2. 8절에서 10절까지는 은사의 종류들이 나열되어 있습니다. 성령께서는 이러한 은사들을 어떻게 하셨습니까? (11절)

성령의 뜻대로 각 사람에게 나누어 주셨다.

은사는 매우 다양하다. 그럼에도 불구하고 모든 은사는 공통된 기원을 갖는다. 모든 은사의 기원은 성령님이시다. 성령께서는 은사를 발생(發生)시키실 뿐만 아니라 그분의 뜻대로 각 사람에게 나누어 주신다. 따라서 교회의 지체인 우리 각 사람(영어 성경: each of us)들은 모두 은사를 받은 자라는 것을 기억해야 한다. 만일, 당신이 예수님을 믿고 주로 고백하여 교회의 지체가 되고 성령님께서 내주하신다면, 바로 당신이 이미 성령님께 은사를 받았다는 것을 의미한다.

3. 어떤 사람들이 교회의 일원이 될 수 있을까요? (13절)

유대인이나 헬라인이나 종이나 자유인, 즉 모든 사람들. 단 한 성령으로 세례를 받은 모든 사람들

혈통이나 신분이 다른 사람들이 함께 그리스도의 한 몸을 이룰 수 있는 까닭은 성령이 한 분이시기 때문이다. 13절에서 바울은 '하나 됨'에 각별한 신경을 기울이고 있다. 바울은 사람들이 한 성령으로 세례를 받음으로 그리스도의 몸, 곧 영적으로 하나 된 유기체가 되었음을 강조하였다. 이와 같은 바울의 가르침은 에베소서 4장 4-6절에서도 발견할 수 있다.

4. 지체들이 한 몸 안에서 각기 다른 위치에 놓이게 된 이유, 곧 사람마다 다른 은사를 가지게 된 기준은 무엇인가요? (18절)

하나님께서 원하시는 대로(하나님의 뜻대로)

은사의 분배가 성령님의 의지에 달려 있다는 점은 매우 중요하다. 우리가 받은 은사는 성령님이 주신 선물이다. 그 선물을 받는 우리 자신의 인간적인 조건(공로, 노력, 배경 등)은 중요하지 않다. 왜냐하면 은사가 선물로서 값없이 주어지는 것이기 때문이다. 또 바울은 교회 안에 각 지체들을 세우신 것 역시 하나님의 의지에 달려 있다는 점을 상기시켜 준다. 하나님의 뜻은 완전하므로 각 지체들에게 배정되는 자리와 역할 또한 완벽한 것이다. 따라서 자신이 받은 은사를 불평하거나 남이 받은 은사를 시기하는 것은 하나님의 뜻을 거스르는 불순종 행위이다.

평신도 제자 훈련 교재
관점바꾸기　　**나의 모든 것을 아시는 하나님**

성령님은 그리스도의 몸 된 교회의 지체들인 우리 모두에게 은사를 주셨습니다. 그리고 그 모든 은사는 나를 잘 아시는 하나님께서 허락해주신 은혜입니다. 하나님께서 나를 얼마나 잘 알고 계시는지 시편 139편 1-16절을 새번역 성경으로 반복해서 읽어보고 아래의 질문에 대해 함께 나누어 봅시다.

1 주님, 주님께서 나를 샅샅이 살펴보셨으니, 나를 환히 알고 계십니다.

2 내가 앉아 있거나 서 있거나 주님께서는 다 아십니다.

　멀리서도 내 생각을 다 알고 계십니다.

3 내가 길을 가거나 누워 있거나, 주님께서는 다 살피고 계시니, 내 모든 행실을 다

　알고 계십니다.

4 내가 혀를 놀려 아무 말 하지 않아도 주님께서는 내가 하려는 말을 이미 다 알고

　계십니다.

5 주님께서 나의 앞뒤를 두루 감싸 주시고, 내게 주님의 손을 얹어 주셨습니다.

6 이 깨달음이 내게는 너무 놀랍고 너무 높아서, 내가 감히 측량할 수조차 없습니다.

7 내가 주님의 영을 피해서 어디로 가며, 주님의 얼굴을 피해서 어디로 도망치겠습

　니까?

8 내가 하늘로 올라가더라도 주님께서는 거기에 계시고, 스올에다 자리를 펴더라

　도 주님은 거기에도 계십니다.

9 내가 저 동녘 너머로 날아가거나, 바다 끝 서쪽으로 가서 거기에 머무를지라도,

10 거기에서도 주님의 손이 나를 인도하여 주시고, 주님의 오른손이 나를 힘있게

　붙들어 주십니다.

11 내가 말하기를 "아, 어둠이 와락 나에게 달려들어서, 나를 비추던 빛이 밤처럼

　되어라." 해도,

12 주님 앞에서는 어둠도 어둠이 아니며, 밤도 대낮처럼 밝으니, 주님 앞에서는 어

　둠과 빛이 다 같습니다.

13 주님께서 내 장기를 창조하시고, 내 모태에서 나를 짜 맞추셨습니다.

14 내가 이렇게 빚어진 것이 오묘하고 주님께서 하신 일이 놀라워, 이 모든 일로

　내가 주님께 감사를 드립니다. 내 영혼은 이 사실을 너무도 잘 압니다.

15 은밀한 곳에서 나를 지으셨고, 땅 속 깊은 곳 같은 저 모태에서 나를 조립하셨

　으니 내 뼈 하나라도, 주님 앞에서는 숨길 수 없습니다.

16 나의 형질이 갖추어지기도 전부터, 주님께서는 나를 보고 계셨으며, 나에게 정

　하여진 날들이 아직 시작되기도 전에 이미 주님의 책에 다 기록되었습니다.

1. 하나님께서 나를 얼마나 잘 알고 계시는지에 대해 표현하고 있는 내용을 본문
에서 찾아 밑줄을 그어보고 서로 말해봅시다.

2. 하나님께서 이처럼 나를 잘 알고 계시기 때문에 나에게 적절한 은사를 주실 수 있으십니다. 그렇다면 은사를 받은 자로서 어떠한 모습과 태도로 살아가야 하는지 말해봅시다.

나에 대해서 나보다 더 잘 아시고 모든 것을 아시는 하나님께서 내게 가장 적절한 은사를 주셨으므로 감사해야 한다.

하나님은 나에 대해 가장 잘 아시는 분이시다. 본문에서 시편 기자는 하나님께서 나에 대해 잘 아신다는 사실을 '알다'라는 동사를 4번이나 반복함으로써 강조했다. 사람은 자기 자신이 자신의 모든 것들을 가장 잘 알고 있다고 착각할 때가 있다. 그러나 우리의 모든 것을 알고 계시는 분은 이 세상에서 오직 하나님뿐이시다. 하나님은 참으로 섬세하신 분이시다. 그분은 참새가 얼마에 팔리는지도 다 파악하고 계시는 분이시다(눅 12:6). 하나님께서 나에게 주신 은사는 나에게 가장 적합한 것임을 신뢰해야 한다. 그러므로 이렇게 나를 가장 잘 아시는 하나님께서 나에게 은사로 은혜를 주셨기에 받은 것에 만족할 것이 아니라, 받은 은사를 통해 나의 삶 속에서 섬김의 도를 다하는 것이 은사를 주신 분에 감사하는 가장 좋은 방법이다.

3. 다음 세 개의 성경구절을 찾아 읽고 오른쪽에 있는 문장 중 관련된 문장과 줄로 이어 봅시다.

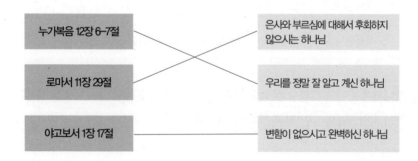

누가복음 12장 6-7절에 의하면 하나님은 작은 생명체인 참새까지도 기억하시는 분으로, 당연히 우리를 잘 알고 계시되, 우리의 머리털까지도 다 세실 정도로 우리에 대해 잘 아신다. 사람이 자신의 머리카락이 몇 개인지 정확하게 파악하는 것은 거의 불가능하다. 오직 하나님만이 우리에 대해 정확하게 알고 계신다. 우리에 대한 하나님의 관심은 상상을 초월한다. 하나님께서는 우리에 관해 모든 것을 알고 계신다.

야고보서의 저자에 의하면 하나님은 자녀들에게 좋은 은사와 온전한 선물들을 변함없이 내리시는 분이다. 한편 '회전하는 그림자'는 지구의 회전으로 인한 태양빛의 변화로 생기는 사물의 그림자를 가리킨다. 이것은 모든 것이 변한다 할지라도 하나님께서 그리스도인에게 베푸시는 은사와 선물은 변함이 없다는 것을 나타내는 표현이다.

로마서 11장 29절에서 바울은 하나님께서는 우리에게 허락하시는 은사와 부르심에 조금도 후회가 없으시다고 단언한다.

4. 위 세 개의 성경 말씀들의 의미를 자신의 표현으로 정리해 봅시다.

> 변함없으시고 완벽하신 하나님(약 1:17)께서 우리에 대해서 우리 자신보다도 더 잘 알고 계시기(눅 12:6-7)에, 우리를 부르시고 우리에게 적절한 은사를 주신 것에 대해서 후회가 없으시다(롬 11:29).

평신도 제자훈련교재

실천하기

나의 은사는

다음은 은사를 발견하기 위한 간단한 질문서입니다. 먼저 주어진 질문을 작성하고 그리고 주변에 있는 두 명 정도의 사람에게 부탁합시다. 그리고 마지막으로 하나님 앞에서 솔직하게 답해 봅시다.

'어떤 은사를 받았을 것이라고 생각하는가?(은사의 종류)'라는 질문에 답을 할 때는 뒤에 나오는 표를 참고하도록 합니다.

내가 생각하는 나

- □ 좋아하는 일은 무엇인가? (   )
- □ 잘하는 일은 무엇인가? (   )
- □ 열정과 아픔을 느끼는 대상은 누구(무엇)인가? (   )
- □ 어떤 은사를 받았을 것이라고 생각하는가? (   )

다른 사람이 생각하는 나 1

- □ 좋아하는 일은 무엇인가? (   )
- □ 잘하는 일은 무엇인가? (   )
- □ 열정과 아픔을 느끼는 대상은 누구(무엇)인가? (   )
- □ 어떤 은사를 받았을 것이라고 생각하는가? (   )

다른 사람이 생각하는 나 2

□ 좋아하는 일은 무엇인가? (   )

□ 잘하는 일은 무엇인가? (   )

□ 열정과 아픔을 느끼는 대상은 누구(무엇)인가? (   )

□ 어떤 은사를 받았을 것이라고 생각하는가? (   )

하나님께서 생각하시는 나 (아래의 질문들에 대해 기도해 봅시다.)

□ 좋아하는 일은 무엇인가? (   )

□ 잘하는 일은 무엇인가? (   )

□ 열정과 아픔을 느끼는 대상은 누구(무엇)인가? (   )

□ 저에게 어떤 은사를 주셨습니까? (   )

종합 정리: 전반적인 내용들을 생각해 보았을 때 나에게 주어진
은사는 다음과 같은 것으로 생각된다.
(중요한 순서로/ 한 가지여도 됨)

_____ 은사, _____ 은사, _____ 은사

은사의 종류

종류	특 징
재주(기술/기능)	사역에 필요한 물건들을 창의적으로 디자인하고 만드는 능력
권위	신앙이 약해졌거나 어려움 가운데 있는 사람들을 위해 위로하고 권면하는 능력
돕기	다른 사람이 필요로 하는 것을 채워 주거나 일을 도와 주는 능력
다스림(행정관리)	공동체가 운영되는 원리를 알고, 공동체의 목표를 성취하기 위한 과정을 계획하고 실천하는 능력
통역	방언하는 사람의 메시지를 모국어로 교회에 알리는 능력
신유	병 고치는 능력(육체적, 정신적, 영적인 병들)
지식	계시나 성경의 통찰에 근거하여 교회에 진리를 전하는 능력
영 분별	진리와 비진리, 옳은 것과 그른 것을 구별할 줄 아는 능력
지도력	사람들에게 비전을 제시하고 동기를 부여하여 이끄는 능력
예능	예술 분야에서 하나님께 영광 돌리거나 하나님의 진리를 선포하는 능력
긍휼	동정이나 연민하는 마음을 행동으로 옮겨서, 고통 받고 있거나 도움이 필요한 사람을 실제적으로 돕는 능력
능력	하나님을 영화롭게 하는 초자연적인 방법을 통하여 하나님의 사역과 메시지를 증거하는 능력
교사(가르침)	사람들에게 하나님이 말씀을 가르치고 말씀대로 살도록 돕는 능력
믿음	하나님의 능력을 신뢰하고, 하나님의 계획을 따라 철저하게 행동으로 실천하는 능력
중보기도	다른 사람들을 위해서 끊임없이 기도 드리는 능력
예언	이해, 바르게 함, 회개 혹은 덕을 세우기 위해서 진리를 드러내고 선언하는 능력
방언	이전에는 알지 못했던 언어로 말하고 예배하며 기도 드리는 능력
구제	하나님의 일을 위해 돈과 물자를 인색하지 않게 기쁨으로 내어 놓는 능력
대접하기	사람들에게 음식, 잠자리를 제공하며 보살피는 능력

목사	사람들의 지속적인 영적 성장을 위해 양육하고 보살피며 지도하는 능력
선지자	하나님의 거룩한 진리를 선포하는 설교사역의 능력
전도	불신자들에게 복음을 전하고, 그들을 믿음으로 응답하게 하며, 제자가 되도록 하는 능력
지혜	영적 진리를 특별한 상황에 효과적으로 적용시키는 능력
사도	선교 또는 새로운 교회의 개척이나 사역, 조직체계의 개발을 시작하며 감독하는 능력

1. 이 활동은 과제물이 아니라 모임 시간에 완성하는 것이다.
2. 각 단계의 활동이 원활하게 이루어지도록 시간 분배에 유의한다.
3. 개인의 은사를 발견하는 것을 더 잘 돕고 싶다면 은사발견검사(설문지)를 구입하여 활용하라.

위 활동을 다 마친 후, 각자에게 주어진 은사와 공동체 안에 허락하신 은사를 생각하면서 그 은사를 통하여 교회의 덕을 세워 나가는 그리스도인이 될 수 있도록 중보기도의 시간을 갖도록 합시다.

새길말씀 외우기

그러므로 내가 너희에게 알리노니 하나님의 영으로 말하는 자는 누구든지 예수를 저주할 자라 하지 아니하고 또 성령으로 아니하고는 누구든지 예수를 주시라 할 수 없느니라 (고전 12:3)

다함께 드리는 기도

1. 오늘 배운 말씀과 내용을 생각하며 다함께 기도하는 시간을 갖도록 합시다.
2. 오늘 참석한 구성원들을 위해서 이름을 불러 가며 중보의 기도를 합시다.
3. 오늘 참석하지 못한 구성원이 있으면 그 사람을 위해 더욱 뜨거운 마음으로 기도합시다.
4. 한 주간의 삶을 통해서 오늘 배우고 익힌 내용들을 삶으로 살아갈 수 있도록 기도합시다.
5. 하나님의 은혜 가운데서 한 주를 살고, 다음 모임 시간에 모두가 모일 수 있도록 기도합시다.

＊사역자로서 이 과를 마치고 난 느낌이나 소감, 다짐 등을 간단하게 말해 봅시다.

다음 모임을 위하여

1. 다음 주에 읽어야 할 성경말씀을 읽고 확인합시다.
2. 16과의 배울말씀인 베드로전서 4장 1-11절을 읽고 묵상합시다.

평가하기

평가항목	세부사항	그렇다	그저 그렇다	아니다
인도자의 준비도	인도자는 본 과의 교육목적을 이룰 수 있도록 충분하게 준비했습니까?			
교육목표의 성취도	1. 학습자들은 자신의 잘못된 선입견과 고정관념을 버리고 순수한 마음으로 주님을 만날 준비가 되었습니까? 2. 학습자들이 예수에 대하여 지식적으로 아는(know) 단계에서 체험적으로 아는(see) 단계로 발전하고자 결단하게 되었습니까?			
학습자의 참여도	학습자들이 진지하고 적극적인 태도로 성경공부에 임했습니까?			
성경공부의 분위기	성경공부를 하는 동안 학습자들이 편안한 분위기를 느낄 수 있었습니까?			
기타 보완할 점	기타 보완할 점이나 건의사항이 있습니까?			

성경 읽기표

읽을 범위		월 일 주일	월 일 월요일	월 일 화요일	월 일 수요일	월 일 목요일	월 일 금요일	월 일 토요일
	구약	주일은 설교말씀 묵상	대상 1~4장	대상 5~8장	대상 9~12장	대상 13~16장	대상 17~20장	대상 21~24장
	신약		요 17장	요 18장	요 19장	요 20장	요 21장	행 1장
확인								

16 은사의 청지기로 삽시다

평신도 제자훈련교재

배울말씀 베드로전서 4장 1-11절

도울말씀 마 25:14-30, 롬 12:1-13, 고전 12:31 ; 13:1-13, 갈 5:13, 엡 4:12

새길말씀 각각 은사를 받은 대로 하나님의 여러 가지 은혜를 맡은 선한 청지기 같이 서로
봉사하라 (벧전 4:10)

이룰 목표

① 은사는 교회 사역을 위한 것임을 안다.

② 교회의 각 사역들과 관련되는 은사의 종류를 확인하고 이해한다.

③ 은사 청지기로서 교회 사역에 동참하는 삶을 살 것을 결단한다.

교육흐름표

10 min	10 min	20 min	20 min	10 min
O.T.	관심	탐구	관점	실천

교육진행표

구분	오리엔테이션	관심갖기	탐구하기	관점바꾸기	실천하기
제목		동물학교에서 있었던 일	은사를 받은 선한 청지기	은사 오케스트라	하나님! 약속드려요
내용	환영 및 개요 설명	역지사지	은사받은 자의 삶	은사의 분야와 태도	은사받은 청지기 로서의 결단
방법	강의	생각 나누기	성경 찾아 답하기	강의 및 성경 찾아 답하기	사역결단서 작성하기
준비물	출석부		성경책	성경책	
시간(70분)	10분	10분	20분	20분	10분

말씀과 주제이해

그리스도인들은 하나님께로부터 받은 모든 것들에 대해 책임이 있다. 여기에는 물질, 시간, 달란트, 건강뿐만 아니라 은사도 포함된다. 은사를 선물로 받은 우리는 선한 청지기로서의 삶을 살아야 한다. 이것은 주님의 명령이다. 하나님께서는 우리가 예언이면 믿음의 분수대로, 섬기는 일이면 섬기는 일로, 혹 가르치는 자면 가르치는 일로, 위로하는 자면 위로하는 일로, 구제하는 자는 성실함으로, 다스리는 자는 부지런함으로, 긍휼을 베푸는 자는 즐거움으로 교회와 이웃을 섬기기 원하신다(롬 12:6-8). 이렇게 은사대로 사는 삶은 자신의 몸을 하나님께서 기뻐하시는 거룩한 산 제물로 드리는 '영적 예배'의 삶이다. 달란트 비유를 통해 알 수 있는 바와 같이 예수님은 선한 청지기들에게 상을 주신다(마 25:14-30).

청지기란 다른 사람의 소유물을 위탁 받은 사람을 의미한다. 청지기는 소유주(所有主)가 아니다. 우리는 이 점을 분명히 하여야 한다. 은사도 마찬가지이다. 은사는 교회에서 권력을 얻거나 사람들에게 인정을 받기 위한 수단이 아니다. 이 과의 〈새길말씀〉인 베드로전서 4장 10절은 우리가 은혜를 맡은 선한 청지기같이 서로 봉사하라고 하였다. 이때 봉사자가 갖추어야 할 필수적인 태도는 사랑으로 서로 종노릇하는 것이다(갈 5:13). 이 때문에 바울은 고린도전서 12장에서 은사에 대한 논의를 마치면서 "내가 또한 제일 좋은 길을 너희에게 보이리라."(31절)라고 예고한 후, 고린도전서 13장에서 사랑에 대해 상세하게 설명한 것이다.

평신도들이 자신의 은사에 맞는 자리에서 적극적으로 일하는 교회는 건강하다. 건강한 교회는 성장한다. 여기에서 우리는 한 가지 판단 근거를 발견할 수 있다. 목회자가 녹초가 된(burn-out) 교회는 건강하지 않은 교회라는 점이다. 따라서 각각의 은사에 따라 평신도들이 움직이도록 하는 것이 평신도와 목회자와 교회 모두에게 유익하다. 그렇다면 과연 목회자의 역할은 무엇인가? 은사와 관련해서 본다면 목회자의 역할은 마치 오케스트라의 지휘

자처럼 성도들이 각자 자신의 은사가 무엇인지를 발견하고 적합한 사역의 종류를 결정하여 사랑으로 봉사하도록 돕는 것이다. 이러한 목회자의 역할은 그리스도의 온전한 몸을 이루는 것과 연관된다(엡 4:12).

참고도서 안내

평신도들이 역동적으로 사역하는 교회의 모습에 대해 더 많은 정보를 얻기 원한다면 『평신도가 깨어 사역하는 교회』(정준모, 은혜출판사)에서 얻을 수 있다.

평신도 제 자 훈 련 교 재
관심갖기　　　　　동물학교에서 있었던 일

아래의 글을 읽은 후 질문에 답해 봅시다.

동물들의 학교가 있었습니다. 그 학교에서는 수영, 달리기, 오르기, 날기를 가르쳤습니다. 학생들은 그 모든 과목들을 배워야 했습니다. 오리는 수영을 매우 잘했습니다. 사실 오리의 실력은 교사보다 더 훌륭했습니다. 하지만 그는 오르기 과목을 턱걸이 점수로 통과했고, 달리기 과목에서는 낙제하고 말았습니다. 달리기 속도가 너무나 느렸던 오리는 방과 후에 보충 수업까지 받아야만 했습니다. 보충수업을 고되게 받다 보니 오리의 물갈퀴가 여기저기 찢어져 상처가 생겼습니다. 그러나 다른 동물들의 경우, 전체 학생들의 평균 성적이 나쁘지 않았기 때문에 오리 외에는 아무도 그것에 대해 염려하지 않았습니다. 토끼는 반에서 달리기를 가장 잘했습니다. 그러나 수영 실력을 향상시키기 위해서 물에서 많은 시간을 보내야 했기 때문에 얼마 후에 다리에 근육통이 생겼습니다. 그래서 잘 달릴 수 없게 되었습니다. 다람쥐는 오르기에서 가장 뛰어난 솜씨를 발휘하였지만 날기 수업에서는 항상 좌절감을 느껴야 했습니다. 다람쥐는 착륙 연습을 하느라 너무 지쳤습니다.

> 그래서 결국에는 오르기 과목에서도 자신의 실력을 제대로 발휘할 수 없었습니다.
>
> 조지 리브스, 『동물학교 이야기』

위의 이야기를 읽고 어떤 생각을 갖게 되었습니까?

예) 모든 사람들이 모든 일을 다 잘할 필요는 없다.

자신이 잘할 수 있는 일에 집중하는 것이 가장 효과적이다. 등

교회에는 다양한 사역들이 있다. 각 사역마다 일꾼들이 필요하다. 교회의 지체들은 자신의 은사에 맞는 일을 할 때 잘할 수 있고 보람을 느낄 수 있다. 물론 우리는 교회에서 은사 밖의 일을 할 수도 있다. 그러나 그 은사 밖의 일을 장기적으로 잘하려고 노력하다 보면, 결국 지치게 된다. 그러므로 자신의 은사에 맞는 교회의 사역을 찾고 그 일에 집중하는 것이 매우 중요하다.

평신도 제자 훈련 교재
탐구하기　　　　　　　　**은사를 받은 선한 청지기**

배울말씀인 베드로전서 4장 1-11절을 읽고 물음에 답해 봅시다.

1. 예수 그리스도를 믿고 거듭나기 전의 죄악 된 삶의 모습은 어떠합니까? (3절)

　이방인의 뜻을 따름, 곧 음란, 정욕, 술 취함, 방탕, 향락, 무법한 우상숭배

본문은 하나님의 뜻을 거역하는 삶은 과거 그리스도인이 되기 전으로 족하다고 가르친다. 3절에서는 온갖 더러운 행위가 '이방인의 뜻'을 따르는 것으로 표현되어 있다. 이 '이방인의 뜻'은 2절에서의 '하나님의 뜻'과 정면으로 배치된다. 여기에서의 이방인이란 그리스도인이 되기 이전의 사람을 의미한다. 그리스도인이 된 사람은 더 이상 과거의 죄악 된 삶을 반복해서는 안 된다. 베드로는 이것을 경고하기 위해 세 가지 부류의 죄악을 열거하였다. 첫째는 성(性)과 관련된 죄악인 음란과 정욕이다. 둘째는 술과 관련된 죄악인 술 취함과 방탕과 향락이다. 셋째는 영적인 것으로 무법한 우상숭배다.

2. 거듭난 자라면 거듭난 이후에 어떠한 삶을 살아야 합니까? (2절)

하나님의 뜻을 따르는 삶

본 절에서는 이 땅에서 그리스도인들이 어떻게 살아야 하는가를 설명하고 있다. 이를 위해서 '사람의 정욕'과 '하나님의 뜻'을 강하게 대조시킨다. '사람의 정욕'이란 단순히 성적인 욕망만을 의미하는 것이 아니라 죄된 본성에서 나온 모든 욕망들을 의미한다. 요한일서 2장 16절에서는 이러한 것들을 육신의 정욕, 안목의 정욕, 이생의 자랑이라고 표현하고 있다. 반면 기본적으로 '하나님의 뜻'은 죄를 그치고 부끄러운 죄악들을 행하지 않는 것이다. 그리고 한 걸음 더 나아가 하나님을 경외하고, 형제를 사랑하며, 사람들과 왕을 공경하고 선을 행하다가 고난을 받는 것을 포함한다(벧전 4:19; 2:15–17; 3:17).

3. 만물의 마지막 때인 지금, 성도인 우리들은 무엇을 해야 합니까? (7절)

정신을 차리고 근신하여 기도해야 한다.

'만물의 마지막'은 일반적으로 예수님의 재림을 의미한다. 이 표현은 임박한 상황을 가리키기 위한 것으로, 베드로는 박해 받고 있는 그리스도인들에게 낙심치 말고 소망을 가질 것을 권고하고 있다. 또한 성도들은 올바르고 침착하며 조심스러운 마음을 가지고 오직 그리스도만 바라보며 흔들리지 않고 기도드릴 뿐만 아니라 무절제한 생활을 버리고 깨어 있어야 한다.

4. 성령께서 성도들에게 은사를 선물로 주셨습니다. 은사를 받은 자의 의무는 무엇입니까? (10절, 관련 성경 구절인 롬 12:6-8도 함께 찾아 읽습니다.)

각자가 받은 은사대로 선한 청지기같이 서로 봉사하는 것

은사는 봉사를 위해 주어진 선물이다. 본문 10절에서 바울이 사용한 봉사(serving)라는 용어의 헬라어는 '디어코네오'(diakonaeo)이다. 이 단어의 명사형은 집사(deacon), 사역자(minister), 또는 종(servant)으로 번역된다. 은사는 은사를 받은 성도가 다른 사람을 섬기고 봉사할 때, 비로소 그 의미와 목적이 성취된다.

> **함께 읽어봅시다** **평신도 사역자**
>
> 사역자라는 용어는 신학대학에서 기독교 관련학과를 전공한 목사님, 전도사님, 선교사님만 지칭하는 말이 아니다. 은사를 받은 모든 사람이 사역자가 될 수 있다. 하나님께서 이 시대에 당신이 이루시려는 일들을 위해 평신도인 나를 창조하셔서 이렇게 부르셨다는 것을 잊지 말아야 한다. 하나님의 사역자는 바로 나 자신이다.

5. 베드로는 은사를 활용하여 교회를 섬기면서, 말을 할 때에는 하나님이 말씀하시는 것같이 하고, 봉사를 실천할 때에는 하나님이 공급하시는 힘으로 하는 것같이 하라고 가르칩니다. 우리가 사역을 할 때 이러한 태도로 임해야 하는 목

적은 무엇입니까? (11절)

하나님께서 영광 받으시게 하기 위함

하나님께서 우리에게 다양한 은사를 베풀어 주신 이유는 오로지 하나님 자신의 영광을 위해서이다. 그러므로 그리스도인들은 주어진 은사를 통해 삶을 살아가는 전 영역에서 오직 하나님의 영광을 위해 행해야 한다. 한편 '예수 그리스도로 말미암아'라는 말은 하나님께 영광을 돌리는 것은 인간의 노력으로 되는 것이 아니고 예수 그리스도를 통한 은혜로 인해서 가능한 것이라는 사실을 암시한다.

평신도 제자훈련교재
관점바꾸기   은사 오케스트라

교회는 은사를 받은 여러분을 필요로 합니다. 은사를 활용한 여러분의 사역은 교회가 세워지고 성장하는 데 결정적인 역할을 합니다. 이를 위해 목회자는 성도들이 은사를 발견하고 사역분야를 찾아 봉사할 수 있도록 도와야 합니다. 건강하게 성장하는 교회의 모습은 마치 목회자를 지휘자로 삼은 오케스트라와 같을 것입니다.

1. 예배, 봉사, 선포, 교제, 교육을 두고 교회의 5대 사역이라고 합니다. 우리 교회
   에 필요한 교회의 주요 5대 사역에는 어떤 것들이 있을까요? 먼저 필요한 사역
   의 종류를 적고 그 사역을 위해 필요한 은사를 적어 봅시다.

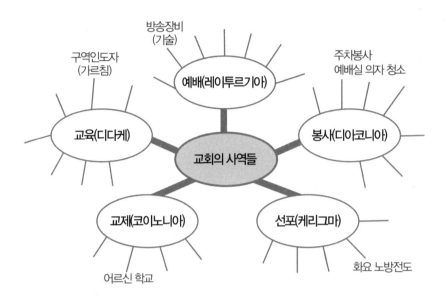

인도자는 평신도가 자신의 은사를 고려해서 해야 할 사역을 결정하려고 하기 전에
먼저 우리 교회에 필요한 사역들이 무엇인지를 확인하고 정리해 두어야 한다.
백과사전처럼 모든 사역들을 다 나열할 필요는 없다. 교회의 형편과 실질적인 필
요에 맞게 정말로 요구되는 사역들을 기록하도록 한다. 예를 들어 대형 교회의 경
우에는 이미 진행 중이거나 계획 중인 사역들이 많이 있을 것이다. 이러한 경우에
는 위 그림의 내용들이 매우 풍성해질 것이다. 개척교회의 경우 위 그림의 내용이
비교적 간략하게 작성될 것이다. 교회의 현실에 맞는 내용을 의논하는 것이 가장
효과적이다.
이 활동은 목회자를 모시고 하거나 미리 목회자에게 도움을 구하여 준비하면 더욱
효과적으로 진행될 것이다.

2. 여러분 각자의 은사에 적합한 사역은 무엇이라고 생각하십니까? 그 사역의 분야에서 구체적으로 담당하고 싶은 봉사는 무엇입니까?

> 예) 교육 ⇨ 교사 ⇨ 좀더 구체적으로는 유치부 교사 (가르침의 은사)
> 교제 ⇨ 전교인체육대회 ⇨ 좀더 구체적으로는 전교인 티셔츠 디자인과 제작
> (예능의 은사/디자인)

학습자들의 답이 피상적인 내용이 되지 않도록 주의한다. 답의 내용이 구체적일수록 교회 사역에 실제적으로 지원할 가능성이 높아지기 때문이다. 시간이 좀 걸리더라도 실천 가능하거나 새롭게 시도되어야 할 필요성이 있는 봉사를 계획할 수 있도록 격려한다.

3. 교회의 사역을 하다 보면 항상 기쁠 수만은 없는 것이 사실입니다. 기쁜 마음으로 교회의 사역을 감당하는 것에 장애가 되는 요소가 있다면 어떤 것들이 있을까요?

> 예) 함께 일하는 사람들과의 인간관계 문제, 시간 부족의 문제, 너무 많은 사역을 맡아서 감당이 안 되는 문제, 적성문제, 가족의 협조 문제 등

지금까지의 경험이나 앞으로 염려되는 내용을 함께 나누도록 한다. 장애 요소를 미리 생각해 봄으로써 앞으로 만나게 될 어려움들을 예방할 수 있고, 어려움이 왔을 때 그것이 자신에게만 찾아오는 문제가 아님을 알고 격려와 도움을 받을 수 있다. 인도자는 이 문제가 지나치게 부정적인 성토의 장이 되지 않도록 유의한다. 지나치게 구체적으로 접근하면 불쾌해 할 수도 있으니 경험을 바탕으로 하되 일반적인 상황이나 상식적인 수준의 답이 될 수 있도록 하는 것이 바람직하다.

4. 사역을 할 때 발생되는 문제는 교육과 훈련을 받음으로써 또는 봉사 분야를 조정함으로써 해결될 수 있습니다. 그런데 상당수의 문제들은 우리의 태도를 변화시켜야 해결될 수 있습니다. 교회의 사역을 하면서 평신도 사역자들에게 가장 요구되는 자세(덕목)는 무엇일까요? (고전 13:1-3)

사랑

하나님은 성도가 영적 은사를 가지고 하는 사역의 결과보다 성도가 섬기는 태도를 더욱 중요하게 여기신다. 하나님은 사역을 할 때 사랑으로 봉사하기를 원하신다. 사랑이 없는 봉사는 의무감에 사로잡혀 행하는 일에 지나지 않으며, 하나님의 영광을 드러내지 못한다. 사랑으로 행하는 사역이야말로 예수님의 섬김의 정신을 실천하는 것이다.

5. 바울은 고린도전서 12장에서 은사에 대한 설명을 매듭지으면서 "내가 또한 제일 좋은 길을 너희에게 보이리라." 약속했습니다(고전 12:31). 그리고 바울은 고린도전서 13장에서 은사자의 길로써 '사랑'을 이야기합니다. 바울이 말하는 사랑의 특성은 무엇입니까? (고전 13:4-7)

오래 참음, 온유, 시기하지 않음, 자랑하지 않음, 교만하지 않음, 무례히 행치 않음, 자기의 유익을 구하지 않음, 성내지 않음, 악한 것을 생각하지 않음, 불의를 기뻐하지 않음, 진리와 함께 기뻐함, 참음, 믿음, 바람, 견딤

사랑은 하나님의 성품에 동참하는 것이다. 하나님이 사랑이시기 때문이다(요일 4:7-8). 사랑한다는 것은 바로 하나님께 속해 있다는 증거가 된다. 만일 우리가 서로 사랑하지 않으면 그것은 곧 하나님의 성품에 대한 반역이다. 우리가 하나님께 순종하지 않으면, 파괴적으로 되어 다른 사람에게 상처를 주게 된다.

사랑은 율법의 완성이며(롬 13:10), 예수님께서 우리에게 주신 새 계명이다(요

13:34). 하나님을 사랑하고, 사람들을 사랑하는 것이 율법의 핵심이다. 사랑이 없이 율법만 준수하는 것을 율법주의라고 하는데, 율법주의자는 다른 사람들을 비난하고 기계적으로 대해서 인간관계를 파괴시킨다.

사랑은 성령의 열매이다(갈 5:22~23). 성령의 열매는 예수님을 닮아가는 인격과 성품을 의미한다. 이러한 성령의 열매가 없으면 은사를 이기적인 목적이나 자기를 자랑하기 위한 목적으로 사용하게 된다. 그러면 교회에서 성령의 은사를 활용하더라도 다른 성도들에게 유익을 끼칠 수 없고 심지어 교회의 질서를 무너뜨리게 된다.

평신도 제자 훈련 교재
실천하기

하나님! 약속드려요

나를 위해, 교회를 위해, 그리고 하나님의 영광을 위해 은사 청지기로 살기를 결단합시다.

사역 결단서

이름 :

생년월일 :

받은 은사에 감사드리는 마음으로
주님의 몸 된 교회와 하나님의 영광을 위하여
저의 은사를 활용하고자 합니다.
교회의 거룩한 사역을 위해
저를 사용하여 주옵소서.

〈약속과 도우심을 구함〉

하나님, 도와 주세요.
힘을 주세요.

년   월   일

사역결단서를 다 작성하면 돌아가면서 다짐의 선언을 합시다. 또 이 사역결단서가 주님의 인도하심 가운데 실천될 수 있도록 중보기도를 합시다.

1. 〈약속과 도우심을 구함〉 부분은 학습자들이 현재 생각하는 바를 주님께 고백하도록 하기 위한 것이다. 예를 들어, "지금 담당하고 있는 교사의 직분을 소홀히 여기지 않고 더욱 충성하겠습니다.", "제가 사역을 잘 담당할 수 있도록 저희 가정이 복음화되도록 도와 주시옵소서.", "주님께서 저를 필요로 하실 때 늘 순종하겠습니다." 등이 있다.
2. 주의할 점은 결심하는 내용에 반드시 학습자의 은사와 열정이 반영되어야 한다는 것이다.
3. 인도자는 한 학습자가 너무 많은 일들을 담당하거나 결심하지 않도록 지도한다.
4. 사역결단서를 작성한 후 서로 발표하여 다짐하고 중보의 기도를 함으로써 마무리한다.

각각 은사를 받은 대로 하나님의 여러 가지 은혜를 맡은 선한 청지기 같이
서로 봉사하라 (벧전 4:10)

다함께 드리는 기도 ....

1. 오늘 배운 말씀과 내용을 생각하며 다함께 기도하는 시간을 갖도록 합
   시다.
2. 오늘 참석한 구성원들을 위해서 이름을 불러 가며 중보의 기도를 합시다.
3. 오늘 참석하지 못한 구성원이 있으면 그 사람을 위해 더욱 뜨거운 마음
   으로 기도합시다.
4. 한 주간의 삶을 통해서 오늘 배우고 익힌 내용들을 삶으로 살아갈 수 있
   도록 기도합시다.
5. 하나님의 은혜 가운데서 한 주를 살고, 다음 모임 시간에 모두가 모일 수
   있도록 기도합시다.

*사역자로서 이 과를 마치고 난 느낌이나 소감, 다짐 등을 간단하게
  말해 봅시다.

다음 모임을 위하여 ....

1. 다음 주에 읽어야 할 성경말씀을 읽고 확인합시다.
2. 17과의 배울말씀인 느헤미야 8장 1-12절을 읽고 묵상합시다.

평가하기

평가항목	세부사항	그렇다	그저 그렇다	아니다
인도자의 준비도	인도자는 본 과의 교육목적을 이룰 수 있도록 충분하게 준비했습니까?			
교육목표의 성취도	1. 학습자들은 자신의 잘못된 선입견과 고정관념을 버리고 순수한 마음으로 주님을 만날 준비가 되었습니까? 2. 학습자들이 예수에 대하여 지식적으로 아는 (know) 단계에서 체험적으로 아는(see) 단계로 발전하고자 결단하게 되었습니까?			
학습자의 참여도	학습자들이 진지하고 적극적인 태도로 성경공부에 임했습니까?			
성경공부의 분위기	성경공부를 하는 동안 학습자들이 편안한 분위기를 느낄 수 있었습니까?			
기타 보완할 점	기타 보완할 점이나 건의사항이 있습니까?			

성경 읽기표

읽을 범위		월 일 주일	월 일 월요일	월 일 화요일	월 일 수요일	월 일 목요일	월 일 금요일	월 일 토요일
	구약	주일은 설교말씀 묵상	대상 25~29장	대하 1~3장	대하 4~6장	대하 7~9장	대하 10~12장	대하 13~15장
	신약		행 2장	행 3장	행 4장	행 5장	행 6장	행 7장
확인								

사역자는 말씀을 잘 알아야 합니다

단원 설명

5단원은 사역자가 갖추어야 할 말씀 훈련에 대해 다룬다. 사역자는 무엇보다 하나님의 말씀을 잘 알아야 한다. 기독교는 하나님의 말씀에 기초한다. 하나님께서는 우리에게 하나님이 어떤 분이신지, 하나님의 뜻과 계획이 무엇인지, 하나님의 백성이 무엇을 알아야 하는지, 그리고 어떻게 살아가야 하는지, 하나님께서 무엇을 말씀하시고자 하시는지, 세상 만물이 어떻게 시작되었고 어디를 향해 가고 있는지 등을 계시하고 있는 성경을 주셨다. 사역자는 기본적으로 하나님의 말씀만큼은 열심을 다해 읽고 부지런히 배워서 자신과 타인에게 정확하게 가르칠 수 있어야 한다. 이 일에 나태하게 되면, 신앙의 결단이 필요한 순간에 하나님의 말씀에 의뢰하기보다 자신의 생각과 경험, 그리고 세상의 소리와 가치에 귀 기울이게 될 수 있다. 사람사이의 관계에 있어서 에티켓이 필요한 것처럼 하나님의 말씀을 대함에 있어서도 마찬가지다. 사역자는 하나님의 말씀을 듣고자 하는 열정이 있어야 하고, 경청의 자세와 말씀에 대한 존경, 적극적인 호응, 겸손, 말씀대로 사는 순종, 그리고 말씀대로 사는 것을 즐거워하는 마음 등이 있어야 한다. 이것이 하나님의 말씀을 대하는 에티켓이다. 이러한 모습 속에 만나게 되는 말씀은 곧 능력일 수밖에 없다. 그 말씀은 나를 변화시키고, 가정을 변화시키고, 세상을 변화시킨다. 이러한 변화와 치유를 가능케 하시는 능력인 말씀이 구체적으로 우리 삶 속에서 역사하게 하려면 실제로 우리의 삶 속에서 말씀을 듣고, 마음에 새기며, 말씀대로 순종해야 한다. 이러한 능력을 사역의 현장 속에서 구체적으로 나타내려면 부지런히 말씀을 읽고 연구해야 한다. 뿐만 아니라 사역자는 이렇게 살아서 역사하는 말씀의 능력을 믿음의 길을 가는 이들과 함께 나눌 수 있어야 한다.

17 말씀에 대한 바른 에티켓

배울말씀 느헤미야 8장 1-12절

도울말씀 눅 5:1-12, 시 1:2

새길말씀 경건의 모양은 있으나 경건의 능력은 부인하니 이같은 자들에게서 네가 돌아서라(딤후 3:5)

이룰 목표

① 하나님의 말씀에 대하여 가져야 할 기본적이고 바른 자세를 안다.

② 말씀에 대한 바른 에티켓을 갖추고 바른 자세로 말씀에 반응한다.

교육흐름표

15 min	10 min	20 min	15 min	10 min
O.T.	관심	탐구	관점	실천

교육진행표

구분	오리엔테이션	관심갖기	탐구하기	관점바꾸기	실천하기
제목		에티켓을 아십니까?	말씀을 만나다!	말씀 에티켓 도표 완성하기	에티켓으로 성서 읽기
내용	환영 및 단원 개요 설명	말씀에 대한 태도	말씀의 능력	에티켓의 내용	에티켓의 삶
방법	강의	활동 및 생각 나누기	성경 찾아 답하기	활동 및 생각 나누기	실천후 확인하기
준비물	출석부		성경책		
시간(70분)	15분	10분	20분	15분	10분

말씀과 주제이해

에티켓이란 단어는 '사교상의 마음가짐이나 몸가짐, 예절, 예의, 품위 등을 의미하는 프랑스어'다. 에티켓은 사람과의 관계에 있어서 매우 중요하다. 에티켓이 담긴 동작과 눈빛과 언어는 깊은 존중감과 자존감을 일깨워 주고 상대방에게 좋은 인상을 심어주어 깊고 친밀한 관계로 이끌기 때문이다. 그런데 이 에티켓은 인간관계뿐 아니라 하나님과의 관계에서도 필요하다. 특별히 우리를 향한 사랑의 편지라고 할 수 있는 하나님의 말씀을 바른 자세로 청종하는 자세를 가져야 한다. 말씀에 대하여 특별한 예의를 갖춘 이스라엘 사람들의 모습을 통하여 말씀에 대한 바른 자세를 이해하고 그것을 사역자로 살아가는 우리에게 적용시켜 보자.

먼저 포로생활에서 돌아온 이스라엘은 바른 자세로 하나님의 말씀을 들었다. 고국 유다에서 온 사람들에게 예루살렘의 형편을 전해 들은 느헤미야는 자신의 모국을 생각하며 금식한다. 아닥사스다왕의 배려로 이스라엘의 총독이 된 느헤미야는 본국으로 귀환하여(주전 445년) 고국의 형편을 살피고 성벽재건을 시작한다. 기득권 세력의 심한 반대에도 불구하고 스스로 모범을 보임으로(느 3장) 이스라엘의 개혁을 이끈 느헤미야는 마침내 성벽 건축을 완공한다. 성벽을 성공적으로 재건한 후 느헤미야와 함께 포로귀환 시대를 이끈 에스라는 이스라엘 백성 앞에서 율법을 낭독하기 시작한다. 이스라엘 백성은 남녀노소 할 것 없이 바른 자세로 말씀을 듣기 시작한다. 에스라가 말씀을 낭독하자 이스라엘 사람들은 말씀에 대한 기대감으로 가득 차서 그 말씀을 오랫동안 듣는 진지한 자세를 갖게 된다(느 8:1-3). 열망과 기대로 진지하게 말씀에 반응하기, 이것은 말씀에 대한 가장 기본적인 에티켓이라 할 수 있다. 두 번째로 이스라엘은 말씀에 대하여 마음의 귀를 세우고 집중하여 어느 낱말이나 구절 하나 놓지 않고 듣는 자세, 곧 경청했다(느 8:3). 세 번째로 이스라엘은 겸손과 존경의 마음으로 말씀을 들었다. 존경은 겸손에서 나오며, 겸손 없는 존경은 불가능하다. 이스라엘은 자기를 낮추고 말씀을 높였다(느 8:5, 6하). 말씀에 적극적으로 호응하고 순종하는 것, 이것이 에티켓의 꽃이다. 이스라엘은 꽃처럼 피어났다. 그들은 들리는 말씀에 아멘으로 호응했다(느 8:6).

한편, "깊은 데로 가서 그물을 던져라!" 하신 예수님의 말씀에 "말씀에 의지하여 그물을 내리겠습니다."라고 하며 실제로 그물을 내린 베드로의 순종은 신약성서에 나타난 말씀에 대한 아름다운 에티켓의 훌륭한 예다.

결국 이렇게 바른 자세로 말씀을 듣는 것은 우리의 삶을 말씀으로 변화시키는 궁극적인 힘이 된다. 나라를 빼앗긴 설움을 안고 살아온 이스라엘 백성은 에스라가 낭독하는 말씀에 대하여 진지하고 바른 에티켓을 가지고 반응했다. 그 결과 그들에게 놀라운 변화가 일어났다. 말씀이 그들의 삶을 뒤흔들어 놓았다. 마음을 고치고 행동을 변화시키는 회개운동이 일어나고 뒤이어 신령과 진정으로 예배하는 예배회복운동이 확산되기 시작한 것이다. 그렇다. 말씀은 살아있고 운동력이 있다. 말씀에 대하여 바른 에티켓으로 반응하면 필연적으로 삶이 변화된다. 이스라엘만이 아니다. 남녀노소 빈부귀천을 막론하고 누구든지 말씀에 대해 항상 바른 에티켓으로 반응하는 자는 놀라운 변화를 경험하게 된다. 우리와 함께하시는 성령, 하나님의 말씀으로 영감을 불어넣으시는 성령은 언제나 말씀에 대하여 바른 에티켓을 가지고 진실하게 반응하는 모든 자들을 변화시키신다. 성령님은 생각과 태도와 습관을 변화시키신다. 말씀의 사역자는 이런 진리를 결코 놓쳐서는 안 된다. 꼭 명심하자. "말씀에 대해 바른 에티켓으로 반응하는 사람에게 항상 놀라운 변화가 일어난다."

아래의 글을 읽고 주어진 물음에 답해 봅시다.

> 옛날 프랑스 베르사이유 궁전에 한 늙은 정원사가 있었습니다. 그는 정성스럽게 정원의 꽃과 나무를 가꾸며, 나무들이 아름다운 꽃을 피울 수 있도록 최선을 다했습니다. 그런데 그는 그 기쁨을 한 번도 맛볼 수 없었습니다. 그가 애써 정원을 잘 가꾸어 놓으면 궁전관리들과 그 부인들이 꽃밭으로 몰려와서 꽃을 마구 밟아버렸기 때문입니다. 노 정원사는 너무 마음이 아파서 왕에게 탄원의 글을 올렸습니다. 그 글을 읽은 루이 14세는 곧 정원에 팻말을 내걸도록 명령을 내렸습니다. '에티켓'이라고 쓴 팻말을 만들어 정원에 세워 놓고 그 팻말을 보면 조심스럽게 걸으라는 명령이었습니다. 우리가 잘 아는 예의라는 뜻의 에티켓은 여기서 유래된 말입니다. 이 일이 있은 후 사람들은 매너, 예절, 예의, 사람이나 사물에 대한 바른 마음가짐이나 태도가 필요하다고 생각할 때에 '에티켓을 지켜라'고 말하게 되었습니다.

인도자는 위에서 소개한 에티켓에 대한 유래를 함께 읽은 후, "다양한 관계 안에서 에티켓을 지키는 것이 왜 중요할까요?"라고 질문한다. 그리고 참가자들이 자유롭게 이 질문에 대하여 대화하도록 한다. 대화가 어느 정도 진행되었을 때 에티켓 관련도서를 소개한다. 서성희·박혜정 교수의 『매너는 인격이다』(현실과미래), 김창훈의 『국제예절과 생활에티켓』(샘터), 원융희·박정리의 『글로벌 에티켓365일』(e Book) 등이다. 인도자는 이 책들을 소개하기 전에 이 책들을 꼭 먼저 읽어보아야 한다.

1. 우리는 부부 관계, 부모와 자녀 관계, 스승과 제자 관계, 형제와 자매 관계 등 이루 말로 다 할 수 없는 다양한 관계 안에 살고 있습니다. 이러한 다양한 관계를 건강하게 하는 데 요구되는 바람직한 에티켓과 그렇지 못한 에티켓이 무엇

인지 아래의 빈칸에 기록해 봅시다.

관계유형	바른 에티켓	그릇된 에티켓
친구관계	서로의 직업 존중해주기 비밀 지켜주기 어려울 때 도와주기	허물 들추기 별명 함부로 말하기 무분별한 농담
연인관계	책임져주기 비교하지 않기 배려하기	타인에게 허물 말하기 단정지어 말하기 무시하기
부부대화	경청하기 목소리 낮추기 즉각적인 지시나 반응 안 하기	상대방의 약점 들추기 목소리 높이기 듣지 않고 반응하기
이메일	짧고 간략하게 보내기 서두에 신분 밝히기 친절하게 답장하기	많은 용량으로 보내기 본인 밝히지 않기 사적인 메일 회람하기
휴대전화	회의 때나 공공장소에서 꺼두기 조용히 통화하기 용건만 간단히 하기	공공장소에서 크게 통화하기 타인의 통화내역 들추기 인사없이 전화걸기/받기

도입 부분이므로 과도하게 집중하여 진행하지 않도록 한다. 흥미를 유발하기 위해 게임을 하듯 한 명씩 돌아가며 진행하는 것도 좋다. 대답하지 못하는 경우에 간단한 벌칙을 적용하도록 하자. 어느 정도 대화가 이루어졌을 때 인도자는 우리 삶에서 에티켓이 왜 중요한지에 대해 이야기한다.

2. 이렇게 인간관계에서는 에티켓이 중요합니다. 그렇다면 하나님의 말씀에 대해 가져야 할 에티켓(마음가짐과 태도)은 무엇일까요?

순종, 경청, 겸손 등

이 질문은 우리 그리스도인이 하나님의 말씀에 대하여 가져야할 에티켓에 관한 배움으로 초대하기 위한 질문이다. 인도자는 미리 예상되는 다양한 대답을 메모해 두었다가 그룹원들이 제시하는 대답에 친절하게 반응한다. 그리고 대답에 대하여 "참 좋은 대답입니다!"라고 반응해주고 위에 제시된 답안 중에 한두 가지를 제시하면서 자연스럽게 탐구단계로 이끈다.

평신도 제자 훈련 교재
탐구하기   **말씀을 만나다!**

오늘 본문 말씀 느헤미야 8장 1-12절을 읽고 다음 물음에 답해봅시다.

1. 율법 책을 가져와 수문 앞 광장에서 읽은 자는 누구이고, 율법 책을 듣게 된 사람들은 구체적으로 누구입니까(1-2절)?

   1) 율법 책을 읽은 사람 : 학사 에스라
   2) 율법 책을 들은 사람 : 이스라엘 자손

   느헤미야 8장 1-2절은 이스라엘 전 공동체가 말씀을 읽고 듣는 상호작용을 통해 말씀회복이라는 큰 변화가 일어나고 있음을 말하고 있다. 말씀을 통한 변화는 결국 말씀을 전하는 자와 듣는 자의 상호작용을 통하여 가능한 것이다. 인도자는 공동체 안에서 말씀을 읽고 그 말씀을 듣는 행위의 상호작용이 얼마나 중요한지에 대해 그룹원들과 나눌 필요가 있다.

2. 장시간 동안(새벽부터 낮 12시까지) 하나님 말씀을 듣고 깊은 차원으로 반응한 이스라엘 백성에게 놀라운 변화가 일어납니다. 구체적으로 그들에게 일어난 변화는 무엇인가요?

1) 지적인 변화(12절) : 말씀에 대한 확실한 앎

2) 감정적인 변화(9,12절) : 말씀에 대한 깊은 감동

3) 행동적(의지적) 변화(5-6절) : 적극적인 반응과 순종

말씀을 경청함으로 그들에게 전인적인 차원의 변화가 일어난다. 말씀을 깨달아 알게 되고, 말씀으로 자신의 일그러진 삶이 폭로되고 통회하는 역사가 일어난다. 또 말씀으로 주어지는 기쁨을 발견하고, 말씀에 대하여 적극적으로 반응하고 실천하기에 이른다. 말씀이 회복된 것이다.

3. 이러한 놀라운 변화는 말씀하시는 하나님과 그분의 말씀에 대하여 이스라엘 백성이 보인 에티켓, 즉 바른 마음가짐, 태도와 깊은 관련이 있습니다. 하나님의 말씀에 대하여 그들이 보인 구체적인 마음가짐과 태도가 어떠했는지 성서 구절을 읽고 알맞은 답을 아래의 보기에서 찾아 기록해 봅시다.

1) 이스라엘은 하나님의 말씀을 듣고자 사모하여 학사 에스라에게 율법 책을 읽어달라고 청하고 그 말씀을 듣고자 광장으로 모여드는 (열정)을 보인다 (느 8:1).

2) 이스라엘은 새벽부터 정오까지 하나님의 말씀에 집중하여 (경청)한다(느 8:3).

3) 책을 펼 때에 (존경의 태도)로 모두 일어선다(느 8:5).

4) 들은 말씀에 대하여 "아멘, 아멘!" 하고 적극적으로 (호응)한다(느 8:6).

5) 그들은 말씀 앞에서 몸을 굽혀 겸손하게 엎드린다(느 8:6).

그 외에 "말씀에 대하여 우리가 가져야 할 에티켓" 두 가지를 더 든다면 무엇인지 아래에 제시한 본문을 읽고 적당한 답을 빈칸에 채워봅시다.

> 시몬이 대답하여 가로되 선생이여 우리들이 밤이 맞도록 수고를 하였으되
> 얻은 것이 없지마는 말씀에 의지하여 내가 그물을 내리리이다 하고 그리한즉 고
> 기를 에운 것이 심히 많아 그물이 찢어지는지라 (눅 5:5-6)
>
> 오직 여호와의 율법을 즐거워하여 그 율법을 주야로 묵상하는 자로다 (시 1:2)

6) 베드로는 "깊은 데로 가서 그물을 내려 고기를 잡으라!"는 예수님의 말씀에
   대하여 말씀대로 (순종)한다(눅 5:5-6).
7) 시편 시인은 항상 말씀을 가까이하였고, 말씀과 더불어 (즐겁게) 살았다
   (시 1:2).

보기

경청 열정 존경의 태도 즐겁게 순종 겸손 호응

인도자는 학습자들이 각각의 문제들을 풀기 전에 위의 보기들을 충분히 숙지하도
록 인도하여 문제가 어렵다는 생각을 갖지 않도록 한다. 무엇보다 인도자는 위의
일곱 가지 에티켓들을 하나 하나 차분히 설명하고 안내하는 일에 최선을 다해야
한다.

1. 탐구하기를 통해서 살펴본 사역자가 갖추어야 할 기본 에티켓은 다음 일곱 가지, 열정, 경청, 존경, 적극적인 호응, 겸손, 순종, 즐거움입니다. 말씀 에티켓은 다음과 같은 도표로 정리될 수 있습니다. 아래의 네 개의 빈칸을 채워보며 다시 한 번 확인해 봅시다.

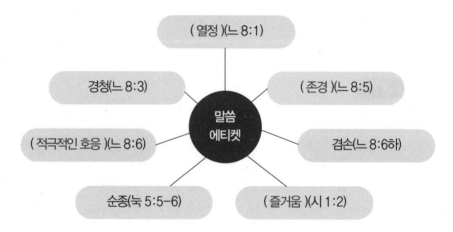

빈칸에 알맞은 대답은 시계방향으로 열정, 존경, 즐거움, 적극적인 호응이다. 인도자는 그룹원들과 함께 각각의 말씀에 맞는 일곱 가지 말씀 에티켓을 정리하면서 각각의 의미들에 대해 다시 한 번 나눈다.

2. 지난 한 주간 동안 사역자로서 하나님의 말씀에 대하여 내가 보인 삶을 기초로 "나의 말씀에티켓 성적표"를 작성해보고, 말씀생활을 더 잘하기 위해 개선해야 할 점이 무엇인지 서로 토의해 봅시다.

1) 아래의 "나의 말씀에티켓 성적표"를 작성해 봅시다.

말씀 에티켓 항목	타당한 항목에 점수 체크하기	점수	나의 종합 점수	최종 등급
말씀에 대한 열정	아주좋음(10)-좋음(8)-보통(7) -그저그럼(6)-안좋음(5)			
존경	아주좋음(10)-좋음(8)-보통(7) -그저그럼(6)-안좋음(5)			
겸손	아주좋음(10)-좋음(8)-보통(7) -그저그럼(6)-안좋음(5)			나의 성적은 _____이다. *63-70 A *56-62 B *49-55 C *48이하 D
즐거움	아주좋음(10)-좋음(8)-보통(7) -그저그럼(6)-안좋음(5)		나의 종합점수 _____점	
경청	아주좋음(10)-좋음(8)-보통(7) -그저그럼(6)-안좋음(5)			
적극적인 호응	아주좋음(10)-좋음(8)-보통(7) -그저그럼(6)-안좋음(5)			
순종	아주좋음(10)-좋음(8)-보통(7) -그저그럼(6)-안좋음(5)			

2) 위의 일곱 가지 말씀 에티켓을 생각하며, 이 에티켓들을 통하여 말씀생활을 더 잘하기 위해 삶에서 개선해야 할 점이 무엇인지 함께 이야기하고 그것을 아래에 기록해 봅시다.

바람직한 말씀 에티켓을 갖추기 위하여 개선해야 할 점은 개개인에 따라 다양하다. 인도자는 논의된 내용을 공란에 메모하여 실천에 옮기도록 유도해야 한다. 예측할 수 있는 대답은 성경책 항상 가지고 다니기, 말씀을 암송하여 가슴에 새겨서 말씀하시는 하나님께 성의 표하기, 듣고 읽은 말씀을 붙잡고 24시간 살기 등이다.

에티켓으로 성서 읽기

1. 사역자인 우리는 언제나 하나님 말씀에 대한 에티켓을 지키며 살아야 합니다. 특별히 이번 한 주간 동안 사역자는 하나님의 말씀과 더불어 일곱 가지 기본 에티켓을 반드시 지켜야 합니다. 본문을 중심으로 하여 아래 제시된 에티켓으로 매일 성경 읽기를 실천합시다. 실천한 후에 확인란에 V표 합시다.

요일	읽어야 할 본문	실천해야 할 기본에티켓	확인(V)
주일	창세기 28:11-12, 16	열정으로	
월요일	출애굽기 15:1-2	경청으로	
화요일	열왕기상 19:11-13	존경의 태도로	
수요일	시편 46:10-11	적극적인 호응으로	
목요일	요한복음 15:15-16	겸손으로	
금요일	골로새서 3:14-16	순종으로	
토요일	누가복음 5:4-7	즐겁게	

위의 "한 주간 에티켓으로 성경 읽기"는 반드시 실천해야 하는 부분이다. 매일 주어진 과제를 기초로 성경본문을 기본 에티켓으로 읽고 에티켓으로 성서에 반응하며 살도록 격려해야 한다.

새길말씀 외우기

경건의 모양은 있으나 경건의 능력은 부인하니 이같은 자들에게서 네가 돌아서라 (딤후 3:5)

다함께 드리는 기도

1. 오늘 배운 말씀과 내용을 생각하며 다함께 기도하는 시간을 갖도록 합시다.
2. 오늘 참석한 구성원들을 위해서 이름을 불러 가며 중보의 기도를 합시다.
3. 오늘 참석하지 못한 구성원이 있으면 그 사람을 위해 더욱 뜨거운 마음으로 기도합시다.
4. 한 주간의 삶을 통해서 오늘 배우고 익힌 내용들을 삶으로 살아갈 수 있도록 기도합시다.
5. 하나님의 은혜 가운데서 한 주를 살고, 다음 모임 시간에 모두가 모일 수 있도록 기도합시다.

*사역자로서 이 과를 마치고 난 느낌이나 소감, 다짐 등을 간단하게
   말해 봅시다.

다음 모임을 위하여

1. 다음 주에 읽어야 할 성경말씀을 읽고 확인합시다.
2. 18과의 배울말씀인 에스겔 37장 1–14절을 읽고 묵상합시다.

평신도제자훈련교재

평가하기

평가항목	세부사항	그렇다	그저 그렇다	아니다
인도자의 준비도	인도자는 본 과의 교육목적을 이룰 수 있도록 충분하게 준비했습니까?			
교육목표의 성취도	1. 학습자들은 자신의 잘못된 선입견과 고정관념을 버리고 순수한 마음으로 주님을 만날 준비가 되었습니까? 2. 학습자들이 예수에 대하여 지식적으로 아는(know) 단계에서 체험적으로 아는(see) 단계로 발전하고자 결단하게 되었습니까?			
학습자의 참여도	학습자들이 진지하고 적극적인 태도로 성경공부에 임했습니까?			
성경공부의 분위기	성경공부를 하는 동안 학습자들이 편안한 분위기를 느낄 수 있었습니까?			
기타 보완할 점	기타 보완할 점이나 건의사항이 있습니까?			

성경 읽기표

읽을 범위		월 일 주일	월 일 월요일	월 일 화요일	월 일 수요일	월 일 목요일	월 일 금요일	월 일 토요일
	구약	주일은 설교말씀 묵상	대하 16~18장	대하 19~21장	대하 22~24장	대하 25~27장	대하 28~30장	대하 31~33장
	신약		행 8장	행 9장	행 10장	행 11장	행 12장	행 13장
확인								

MEMO

18

삶과 일터를 변화시키는 하나님 말씀

배울말씀 에스겔 37장 1-14절

도울말씀 마 13:8, 23, 막 4:39; 5:41-42, 눅 5:1-6, 요 2:1-11; 11:43-44

새길말씀 주의 말씀대로 나를 붙들어 살게 하시고 내 소망이 부끄럽지 않게 하소서
(시 119:116)

이룰 목표

① 하나님의 말씀에 능력이 있음을 안다.

② 하나님 말씀의 능력을 신뢰하고 적극적으로 반응한다.

교육흐름표

10 min	10 min	25 min	15 min	10 min
O.T.	관심	탐구	관점	실천

교육진행표

구분	오리엔테이션	관심갖기	탐구하기	관점바꾸기	실천하기
제목		황권사님의 간증	주 여호와의 말씀이니라	능력이 되시는 하나님의 말씀	말씀의 능력이 임하시도록
내용	환영 및 개요 설명	간증 나누기	나를 위한 말씀	말씀의 능력	말씀의 역사
방법	강의	생각 나누기	말씀을 통해 성찰하기	성경 찾아 답하기	주간계획서 작성 및 실천
준비물	출석부		성경책	성경책	
시간(70분)	10분	10분	25분	15분	10분

말씀과 주제이해

삶이란 '보고 듣고 말하고 알고 이해하고 만지고 느끼고 냄새맡고 생각하고 말하고 행동하는 존재와 행동양식'이다. 여기에 신앙인으로서 놓치지 말아야 할 것이 있다. 이러한 삶의 한복판에 하나님의 말씀이 있다는 사실이다. 삶의 현장이 역동적이고, 살아 움직이고, 구속적이고, 창조적이고, 의미로 충만하기 위해서는 하나님의 말씀이 우리들의 삶의 중심에 자리잡고 있어야 한다. 말씀은 우리의 삶에 놀라운 변화를 가져다주고 우리의 인격과 성품에 자리잡음으로써, 그리스도인의 삶을 성숙시킨다. 하나님의 말씀은 그 자체로 힘과 능력이 있기 때문이다.

1. 하나님의 말씀은 힘이요 능력이다.

성서에서 하나님의 말씀은 매우 역동적이고 엄청난 힘과 능력이 있는 것으로 묘사된다. 말씀이 하나님에게서 발언될 때면 그 말씀은 언제든지 역동적으로 운동하였고, 그 말씀을 경청하고 믿음으로 순종한 자는 언제나 긍정적인 영향을 받은 것으로 나타났다. 그러므로 기독교 사역자에게 있어서 하나님의 말씀이 힘이 있고 능력이 있음을 알고 믿는 일은 결정적으로 중요하다. 이러한 인식은 말씀사역의 지평을 활짝 열어주고 그리스도인으로 하여금 적극적으로 삶과 사역의 일터로 나아가게 하는 촉매제가 된다.

말씀은 실패한 일터를 성공으로 이끄는 힘과 능력이 되기도 한다. 누가복음 5장 1-6절에 나오는 베드로의 고기잡이 이야기가 좋은 예이다. 또한 뽕나무 위에 올라간 삭개오를 두 번씩이나 부르신 예수님의 이야기(눅 19:5-9)에서 인간 상호간의 깨어진 관계를 회복시키는 하나님 말씀의 힘과 능력을 발견할 수 있다. 하나님 말씀의 능력은 여기에 머무르지 않는다. 말씀은 질병을 치유하는 능력이 있으며(눅 5:13), 죽은 자를 다시 살리는 부활의 능력과(요 11:43-44) 변화의 기적을 일으키는 능력(요 2:7-9)이 있다는 것을 꼭 기억해야 한다. 또한 하나님의 말씀은 불가능한 것을 가능케하는 초자연적인 능력(막 4:39)이 있으며, 영적인 존재를 자라게 하는 성장능력(미 13:8)이 있다는 것도 반드시 기억하자.

2. 말씀의 능력이 삶의 자리에 나타나게 하라.

하나님 말씀의 힘과 능력은 거저 주어지는 것이 아니다. 그것은 철저하게 한 가지 필수적인 차원을 동반한다. 바로 믿음이다. 주님은 언제나 믿음을 보시고 말씀하셨고, 믿음을 발견하시면 언제나 그 믿음에 친절하게 반응해 주셨다. 믿음은 주님의 마음을 움직여 바람직한 방향으로 역사하게 하는 능력이다.

삶과 사역의 현장에서 진정한 변화를 경험하기 바란다면 우리는 반드시 말씀에 어떤 힘과 능력이 있는지 알고 믿음으로 반응해야 한다. 삶과 일터, 사역의 현장에 변화의 바람을 일으키고 싶다면 이것을 꼭 기억해야 한다. "하나님의 말씀의 다양한 힘과 능력을 알고 믿음으로 반응할 때 하나님의 말씀은 반드시 우리의 삶과 일터를 생동감 있고 의미로 충만하게 하신다."

평신도제자훈련교재
관심갖기   황 권사님의 간증

아래의 글을 읽은 후 질문에 대답해 봅시다.

> 저는 S교회의 황OO 권사입니다. 교회에서 성가대의 소프라노 파트장과 교회학교 청소년부의 교사직을 맡고 있습니다. 조그마한 사업체를 경영하고 있기도 합니다. 교회일과 회사일은 언제나 저를 행복하게 만들었습니다. 그런데 어느 때부턴가 사업이 번창해서 해야 할 일이 많아지고, 그에 따른 스트레스가 저를 짓누르기 시작했습니다. 매주 4시간 이상 교회사역 때문에 보내는 시간이 부담스러워지기 시작했습니다. 이내 교회봉사에 대한 본질을 망각하게 됐고, 기쁨을 잃어버렸습니다. 저는 저의 영적인 시스템에

적신호가 반짝거리고 있음을 직감하게 되었습니다. 그래서 1주일간 작정 새벽기도를 시작했습니다. 하나님께 매달렸습니다. 7일째 새벽, 저는 성령의 감동을 통해 주어지는 메시지를 내면의 소리로 듣게 되었습니다. "내 딸아, 내가 너를 사랑한다. 나에게 너는 들꽃과 공중의 새들보다 귀하다. 염려하거나 낙담하지 마라. 내가 너의 모든 것을 책임질 테니 영적인 삶의 균형을 이루어야 되지 않겠니? 사업에 대한 모든 염려를 다 내게 맡겨라. 내가 모든 것을 책임질 것이다. 그러니 너는 계속 흔들림 없이 내가 너에게 맡긴 나의 일에 의미를 부여하고 최선을 다하여라!"

이 말씀은 저를 송두리째 바꾸어 놓았습니다. 비로소 교회사역과 직장일을 하나님의 일이라는 관점에서 통합시킬 수 있었고 지금은 즐겁게 생활하고 있습니다.

-S교회 황○○ 권사-

황 권사님의 고백에서 드러난 것처럼 하나님의 말씀은 삶과 사역의 현장에서 엄청난 능력을 나타냅니다. 여러분들의 삶에서 하나님의 말씀이 어떤 능력을 나타냈는지 경험을 나누어 봅시다.

각자의 이야기를 들어본다.

먼저 인도자가 자신의 삶에서 체험한 말씀의 능력을 간증형식으로 고백하면 학습자들도 자연스럽게 경험을 나누는 일에 참여하게 될 것이다. 가정, 직장, 교회 사역 등 다양한 삶의 자리에서 체험한 말씀의 능력에 대한 경험을 나눌 수 있도록 배려하자. 자신의 이야기를 간증할 학습자가 없으면 교회 내의 다른 성도들의 경험을 함께 나누어도 좋다.

아래의 글을 읽고 주어진 질문에 답해 봅시다.

에스겔 37장에 나타난 하나님 말씀의 영향력

"주 여호와의 말씀이니라"(겔 36:32), "주 여호와 하나님이 이같이 말씀하시니라"(겔 36:36)라는 문장을 통해 말씀의 사람 에스겔은 하나님의 말씀의 능력과 그 영향력에 관하여 상기시킨다. 에스겔 37장에서 하나님의 말씀의 능력과 그 영향력이 절정에 이른다. 에스겔의 비전을 통하여 드러난 하나님 말씀의 능력은 에스겔 선지자의 대언사역을 통하여 골짜기 지면에 흩어져있는 마른 뼈들을 극적으로 살려내는 것으로 나타난다. 생명이 되살아나는 과정에는 언제나 하나님의 말씀이 뒤따른다. "주 여호와께서 이 뼈들에게 이같이 말씀하시기를 내가 생기를 너희에게 들어가게 하리니 너희가 살아나리라"(겔 37:5). 에스겔이 하나님의 말씀대로 대언하였을 때, 소리가 나고 움직이며, 이 뼈 저 뼈가 들어맞아 서로 연결되고, 그 뼈에 힘줄이 생기고, 살이 오르고, 그 위에 가죽이 덮이고, "생기야, 사방에서부터 와서 이 죽음을 당한 자에게 불어서 살아나게 하라" 하니 생기가 그들에게 들어가서 그들이 살아나고 일어나서는 극히 큰 군대가 된다. 하나님의 말씀의 능력을 믿고 대언사역을 펼칠 때 말씀대로 되는 과정이 극적으로 나타난 이야기가 바로 본문의 내용이다. 하나님의 말씀은 불가능한 것을 가능케하고, 절망 가운데 있는 개인과 공동체에게 다시 일어설 수 있는 용기와 소망을 준다. 말씀은 삶의 자리를 완전한 방식으로 바꾸어 버리고 죽은 관계를 다시 살린다. 에스겔은 하나님의 말씀의 능력을 사모한다. 그리고 대언사역을 통하여 하나님의 말씀이 얼마나 큰 능력을 행사하는지를 깨닫게 해준다. 그리고 하나님의 말씀은 오늘 우리의 삶의 자리에서도 엄청난 영향력을 끼친다.

1. 하나님의 말씀은 그 능력을 나타냄으로 사역과 삶의 자리에 긍정적인 영향을 미칩니다. 탐구하기를 통하여 발견한 하나님 말씀의 여섯 가지 능력 중에서 지

금 나에게 가장 절실하게 요구되는 말씀의 능력은 무엇입니까?

영적으로 성장시키는 능력, 초자연적인 기적을 일으키는 능력
변화의 기적을 일으키는 능력, 질병을 치유하는 능력
관계를 회복시키는 능력, 실패한 일터를 성공적으로 이끄는 능력
중에서 한두 가지를 선택하여 발표하게 한다.

각자의 대답을 들어본다. 주로 많이 나올 대답은 질병을 치유하는 능력, 관계를 회복시키는 능력 등이다. 인도자는 학습자 각자가 자기자신에게 적절한 대답을 하도록 유도한다. 생각할 시간을 충분히 줄 필요가 있다.

2. 왜 그러한 말씀의 능력이 자신에게 필요합니까?

각자의 대답을 들어본다.

인간관계 안에서 상실의 아픔을 갖고 있는 성도는 회복과 치유의 능력을 간절하게 필요로 한다. 각자의 삶의 상황이 다양한 차원의 말씀능력을 요구한다. 학습자들이 스스럼없이 나눌 수 있도록 인도자가 열린 분위기, 따뜻한 분위기를 만들어야 한다.

3. 나의 사역과 삶의 자리에서 말씀의 능력이 일어나게 하기 위하여 지금 나는 무엇을 해야 할까요?

각자의 대답을 들어본다.

말씀의 능력을 체험하기 위해서 우리는 말씀을 붙잡고 응답을 얻을 때까지 하나님께 기도하고, 들려주신 말씀을 믿고 실천하며, 모든 염려와 걱정을 가지고 나와 하나님께 맡겨야 한다. 그 외의 생각들도 나눌 수 있도록 경청하는 자세로 인도하자.

주어진 성경구절을 찾아 읽고 말씀에 어떤 능력이 있는지 보기에서 찾아 적어봅시다.

보기

영적으로 성장시키는 능력   초자연적인 기적을 일으키는 능력

변화의 기적을 일으키는 능력   질병을 치유하는 능력

관계를 회복시키는 능력   실패한 일터를 성공적으로 이끄는 능력

---

1. 하나님의 말씀은 (실패한 일터를 성공적으로 이끄는 능력)을 가지고 있습니다 (눅 5:1-6).

> 예수께서 게네사렛 호숫가에 서 계셨다. 그때에 무리가 예수께 밀려와 하나님의 말씀을 들었다. 예수께서 보시니, 배 두 척이 호숫가에 대어 있고, 어부들은 배에서 내려서, 그물을 씻고 있었다. 예수께서 그 배 가운데 하나인 시몬의 배에 올라서, 그에게 배를 뭍에서 조금 떼어 놓으라고 하신 다음에, 배에 앉으시어 무리를 가르치셨다. 예수께서 말씀을 그치시고, 시몬에게 말씀하셨다. "깊은 데로 나가, 그물을 내려서, 고기를 잡아라." 시몬이 대답하였다. "선생님, 우리가 밤새도록 애를 썼으나, 아무것도 잡지 못했습니다. 그러나 선생님의 말씀을 따라 그물을 내리겠습니다." 그런 다음에, 그대로 하니, 많은 고기 떼가 걸려들어서, 그물이 찢어질 지경이었다.
>
> (새번역)

하나님의 말씀에는 실패한 일터를 성공적인 일터로 바꾸는 능력이 있다. 베드로는 실패한 일터(해변)의 현장에서 믿음과 순종을 통하여 성공하는 강력한 말씀의 능력을 체험한다. 그는 하나님의 말씀이 실패의 자리를 성공의 자리로 바꾸는 능력이 있음을 깨닫고, "나를 따라오너라. 내가 너를 사람을 낚는 어부가 되게 하리라!"라는 말씀을 들었을 때, 모든 것을 버리고 예수님을 따랐다.

2. 하나님의 말씀은 깨어진 사람 사이의 (관계를 회복시키는 능력)을 가지고 있습니다(눅 19:5-9).

> 예수께서 그곳에 이르러서 쳐다보시고, 그에게 말씀하셨다. "삭개오야, 어서 내려오너라. 오늘은 내가 네 집에서 묵어야 하겠다." 그러자 삭개오는 얼른 내려와서, 기뻐하면서 예수를 모셔들였다. 그런데 사람들이 이것을 보고서, 모두 수군거리며 말하였다. "그가 죄인의 집에 묵으려고 들어갔다." 삭개오가 일어서서 주님께 말하였다. "주님, 보십시오. 내 소유의 절반을 가난한 사람들에게 주겠습니다. 또 내가 누구에게서 강제로 빼앗은 것이 있으면, 네 배로 하여 갚아 주겠습니다." 예수께서 그에게 말씀하셨다. "오늘 구원이 이 집에 이르렀다. 이 사람도 아브라함의 자손이다."
>
> (새번역)

하나님의 말씀에는 관계를 회복시키는 능력이 있다. 삭개오는 인간관계에 깊은 상처를 갖고 있는 자였다. 로마 식민지 하에서 세금을 관장하는 세리들은 동족 이스라엘인들의 지탄의 대상이었다. 무거운 세금을 거두어 착복하는 부정적인 이미지가 자연스럽게 세리를 기피의 대상으로 만들었다. 이런 이유로 세리장 삭개오는 친구가 없었고 깊은 소외감을 가지고 살아간다. "삭개오야, 삭개오야!" 하시며 자상하게 자신의 이름을 부르시고 "오늘 네 집에 유하여야겠다!"라고 하신 예수님의 그 뚜렷한 말씀이 관계를 통하여 얻은 삭개오의 깊은 상처를 회복시켰다.

3. 하나님의 말씀은 (질병을 치유하는 능력)을 가지고 있습니다(눅 5:13).

> 예수께서 손을 내밀어서, 그에게 대시고 "그렇게 해주마. 깨끗하게 되어라." 하고 말씀하시니, 곧 나병이 그에게서 떠나갔다.
>
> (새번역)

하나님의 말씀에는 질병을 치유하는 능력이 있다. 성경을 보면 예수님은 말씀 한마디로 다양한 병을 치유하신다. 주님은 더러운 귀신들린 자(막 1:25-26), 중풍병자(막 2:11-12), 수로보니게 여인의 귀신들린 딸(막 7:29-30) 등 수없이 많은 병자를 말씀하심으로 고쳐주셨다. 이것이 말씀의 능력이다.

4. 하나님의 말씀은 물이 포도주로 변하는 (변화의 기적을 일으키는 능력)을 가지고 있습니다(요 2:7-9).

> 예수께서 일꾼들에게 말씀하셨다. "이 항아리에 물을 채워라." 그래서 그들은 항아리마다 물을 가득 채웠다. 예수께서 그들에게 말씀하시기를 "이제는 떠서, 잔치를 맡은 이에게 가져다 주어라." 하시니, 그들이 그대로 하였다. 잔치를 맡은 이는, 포도주로 변한 물을 맛보고, 그것이 어디에서 났는지 알지 못하였으나, 물을 떠온 일꾼들은 알았다.
>
> (새번역)

하나님의 말씀에는 변화의 기적을 일으키는 능력이 있다. 구약성서 에스겔 37장에서 하나님의 말씀은 마른 뼈를 모으고 살갗을 붙여서 생명이 있는 존재가 되게 하신다. 물을 포도주로 변화시키는 놀라운 능력은 말씀에 순종으로 인하여 주어졌다.

5. 하나님의 말씀은 사나운 바다까지도 잠잠케 만드는 (초자연적인 기적을 일으키는 능력)을 가지고 있습니다(막 4:39).

> 예수께서 일어나 바람을 꾸짖으시고, 바다더러 "고요하고, 잠잠하여라." 하고 말씀하시니, 바람이 그치고, 아주 고요해졌다.
>
> (새번역)

하나님의 말씀에는 초자연적인 기적을 일으키는 능력이 있다. 홍해와 요단강을 마른 땅으로 만들어 이스라엘을 건너가게 하시던 전능하신 아버지 하나님처럼, 예수님도 전능한 능력을 가지고 계신다(참고 요 5:19). 예수님은 말씀으로 바람을 명하여 잠잠케하실 뿐만 아니라 보리떡 다섯 개와 생선 두 마리를 가지고 수천 명이 먹을 수 있도록 불어나게 하는 초자연적인 역사도 행하셨다.

6. 하나님의 말씀은 인간존재를 성장케 하는 (영적으로 성장시키는 능력)을 가지고 있습니다(마 13:8, 23).

> 그러나 더러는 좋은 땅에 떨어져서 열매를 맺었는데, 어떤 것은 백 배가 되고, 어떤 것은 육십 배가 되고, 어떤 것은 삼십 배가 되었다.
>
> 그런데 좋은 땅에 뿌린 씨는 말씀을 듣고서 깨닫는 사람을 두고 하는 말인데, 이 사람이야말로 열매를 맺되, 백 배 혹은 육십 배 혹은 삼십 배의 결실을 낸다.
>
> (새번역)

하나님의 말씀에는 영적으로 성장시키는 능력이 있다. 그래서 영적인 존재인 그리스도인은 말씀을 통하여 자라난다.

이 외에도 하나님의 말씀에는 엄청난 능력이 있다. 예를 들면 소망과 비전을 갖게 하는 능력(창 12:1-3), 순종으로 이끄는 능력(막 2:13-14), 성령을 얻게 만드는 능력(행 10:44) 등도 말씀의 능력이다.

 평신도 제자훈련교재 실천하기   **말씀의 능력이 임하시도록**

하나님 말씀의 능력이 우리의 삶과 사역의 현장에서 구체적으로 나타나고 그것을 체험할 수 있도록 특별기도의 한 주간을 꾸며봅시다. 아래에 제시한 '말씀능력의 역사를 위한 특별기도 주간 계획서'를 읽어본 후, 각자의 형편에 따라 적절하게 시간을 배열해 봅시다.

요일	기도제목	실천가능한 기도시간
월요일	초자연적인 기적을 일으키는 능력을 구하는 기도	아침, 오후, 저녁 중 분
화요일	변화의 기적을 일으키는 능력을 구하는 기도	아침, 오후, 저녁 중 분
수요일	영적 성장 능력을 구하는 기도	아침, 오후, 저녁 중 분
목요일	질병을 치유하는 능력을 구하는 기도	아침, 오후, 저녁 중 분
금요일	관계를 회복시키는 능력을 구하는 기도	아침, 오후, 저녁 중 분
토요일	실패를 성공으로 이끄는 능력을 구하는 기도	아침, 오후, 저녁 중 분

인도자는 학습자들이 각자의 삶의 자리에서 말씀의 능력을 체험할 수 있도록 학습자들을 위해 중보하며 한 주간을 보내도록 하자. 학습자들이 한 주간을 특별한 기도의 주간으로 삼고 실제로 실천하며 살 수 있도록 일깨우고 격려하는 것도 중요하다. 아침이든 오후든 저녁이든 밤이든 상관없다. 적어도 30분 이상 기도할 수 있도록 하자. 기도한 것들이 당장 그 주간에 이루어지지 않더라도 포기하지 않고 믿음으로 하는 기도가 얼마나 중요한 것인지 일깨워 주도록 한다. 또 모든 기도의 응답에 하나님의 때가 있다는 것도 기억하도록 하자.

새길말씀 외우기

주의 말씀대로 나를 붙들어 살게 하시고 내 소망이 부끄럽지 않게 하소서
(시 119:116)

다함께 드리는 기도

1. 오늘 배운 말씀과 내용을 생각하며 다함께 기도하는 시간을 갖도록 합시다.
2. 오늘 참석한 구성원들을 위해서 이름을 불러 가며 중보의 기도를 합시다.
3. 오늘 참석하지 못한 구성원이 있으면 그 사람을 위해 더욱 뜨거운 마음으로 기도합시다.
4. 한 주간의 삶을 통해서 오늘 배우고 익힌 내용들을 삶으로 살아갈 수 있도록 기도합시다.
5. 하나님의 은혜 가운데서 한 주를 살고, 다음 모임 시간에 모두가 모일 수 있도록 기도합시다.

*사역자로서 이 과를 마치고 난 느낌이나 소감, 다짐 등을 간단하게 말해 봅시다.

다음 모임을 위하여

1. 다음 주에 읽어야 할 성경말씀을 읽고 확인합시다.
2. 19과의 배울말씀인 요한복음 13장 1-15절, 누가복음 4장 16-20절을 읽고 묵상합시다.

평신도 제자 훈련 교재
평가하기

평가항목	세부사항	그렇다	그저 그렇다	아니다
인도자의 준비도	인도자는 본 과의 교육목적을 이룰 수 있도록 충분하게 준비했습니까?			
교육목표의 성취도	1. 학습자들은 자신의 잘못된 선입견과 고정관념을 버리고 순수한 마음으로 주님을 만날 준비가 되었습니까? 2. 학습자들이 예수에 대하여 지식적으로 아는 (know) 단계에서 체험적으로 아는(see) 단계로 발전하고자 결단하게 되었습니까?			
학습자의 참여도	학습자들이 진지하고 적극적인 태도로 성경공부에 임했습니까?			
성경공부의 분위기	성경공부를 하는 동안 학습자들이 편안한 분위기를 느낄 수 있었습니까?			
기타 보완할 점	기타 보완할 점이나 건의사항이 있습니까?			

성경 읽기표

읽을 범위		월 일 주일	월 일 월요일	월 일 화요일	월 일 수요일	월 일 목요일	월 일 금요일	월 일 토요일
	구약	주일은 설교말씀 묵상	대하 34~36장	스 1~3장	스 4~6장	스 7~10장	느 1~3장	느 4~6장
	신약		행 14장	행 15장	행 16장	행 17장	행 18장	행 19~20장
확인								

MEMO

19

말씀 유통의 전문 노하우

배울말씀 요한복음 13장 1-15절, 누가복음 4장 16-20절

도울말씀 마 4:4, 막 1:11, 눅 10:25-37

새길말씀 이에 모세와 모든 선지자의 글로 시작하여 모든 성경에 쓴 바 자기에 관한
것을 자세히 설명하시니라 (눅 24:27)

이룰 목표

① 말씀 유통의 3가지 과정을 안다.
② 말씀 유통의 전문 기술을 습득한다.

교육흐름표

| 5 min | 10 min | 20 min | 20 min | 15 min |
| O.T. | 관심 | 탐구 | 관점 | 실천 |

교육진행표

구분	오리엔테이션	관심갖기	탐구하기	관점바꾸기	실천하기
제목		나는 유통업자	말씀유통에 탁월하셨던 예수님	말씀 유통에 성공한 사람들, 실패한 사람들	말씀유통 계획서
내용	환영 및 개요 설명	말씀을 증거하는 삶	말씀을 나누시는 예수님의 방법	말씀에의 순종	말씀유입, 말씀저장, 말씀나눔
방법	강의	생각 나누기	성경 찾아 답하기	강의 및 생각 나누기	말씀유통 계획서 작성 및 실천
준비물	출석부		성경책		
시간(70분)	5분	10분	20분	20분	15분

말씀과 주제이해

유통이란 상품이 생산자로부터 소비자에게 오는 과정을 일컫는것으로, 일반적으로 세 가지 과정을 거친다. 이른바 유입, 보관, 유출이다. 이 세 가지 과정에 철저한 사람이 훌륭한 유통업자가 될 수 있다. 유입이란 생산자가 만든 제품을 받는 능력이고, 보관이란 창고를 잘 관리하는 능력이다. 그리고 유출이란 필요할 때 다른 곳으로 물건을 실어 나르는 능력이다. 하나님의 말씀도 마찬가지이다. 영적인 지도자는 하나님의 말씀유통에 대해 탁월한 전문가여야 한다. 이 과에서는 말씀을 대하는 자세를 유통의 세 가지 차원에서 살펴보려고 한다.

말씀의 유입은 듣고 읽는 과정이다. 이 과정에서는 잘 듣고 잘 읽는 기술이 필요하다. 말씀유입에서 탁월한 능력을 보여준 대표적인 예로 사무엘과 마리아를 들 수 있다. 사무엘은 말씀을 잘 듣고 바른 대답을 주님께 드렸다. "여호와여 말씀하옵소서. 종이 듣겠나이다." 하는 자세가 말씀을 향한 그의 자세를 보여준다(삼상 3:1-10).

말씀의 보관은 듣고 읽은 말씀을 마음속에 저장하는 일, 이른바 말씀을 기록하거나 암송하거나 가슴에 새기는 일련의 과정을 의미한다. 모세는 시내산에서 받은 율법을 일일이 기록하여 보관하였고(출 24:4), 예수님의 어머니 마리아는 성령으로 잉태될 아기에 관한 말씀을 가슴 깊숙이 새겨 차분하면서도 놀라움을 가지고 말씀이 이루어져가는 과정을 지켜보았다. 누가는 이렇게 기록한다. "마리아는 이 모든 말을 마음에 새기어 생각하니라(눅 2:19)."

말씀의 유출은 말씀에 대한 순종으로 표현된다. 말씀에 순종할 때 말씀의 힘과 능력을 경험하게 되고 이 경험이 말씀을 나누고자 하는 마음을 갖게한다. 소그룹과 공동체는 이런 경험한 말씀의 능력을 서로 전할 수 있는 은혜의 공간이다.

회중예배는 말씀 선포자를 통하여 말씀을 접하는 통로인데, 소그룹에서 행해지는 성경공부 또한 하나님의 말씀을 효과적으로 접하고 유통하는 통로가 된다. 그리고 개인적인 말씀묵상은 직접적으로 말씀하시는 하나님과 소통하는 통로다. 하나님의 말씀에 근거한 깊은 기도 또한 또 하나의 하나님 말씀묵상의 통로가 된다. 성경속의 이스라엘 공동체와 교회공동체는 다양한 통로를 통하여 하나님 말씀을 유통하는 사람들이었다(출 24:1-8, 수 4:1-9, 느 8:1-12, 행 17:10-15 참고).

사역자는 어떤 분야에서 사역을 하든 말씀유통의 전문가가 되어야 한다. 말씀유통의 전문가가 되려면 말씀유통의 과정과 통로를 알고, 숙련된 기술을 가지고 유통하는 일에 참여하는 자가 되어야 한다.

평신도제자훈련교재
관심갖기   나는 유통업자

아래의 글을 읽고 주어진 질문에 대답해 봅시다.

> 우리는 유통의 존재론을 주창합니다. 인간은 유통의 존재입니다. 유통은 세 가지 행위를 통하여 이루어집니다. 첫째는 유입입니다. 유입은 다른 곳에서 우리의 물건을 받는 능력입니다. 둘째는 보관입니다. 보관은 창고를 잘 관리하는 능력입니다. 셋째는 유출입니다. 유출은 창고에 있는 것을 다른 곳에 잘 보관하는 능력입니다. 그러므로 유통을 잘하려면 다른 곳에서 물건을 잘 실어와야 하고, 자신의 창고에 물건을 잘 보관해야 하며, 또한 필요할 때 다른 곳으로 물건을 잘 실어가야 합니다. 그런데 사람은 물건만 유통하는 것이 아니라 지식이나 덕, 기타 그 이상의 것을 유통하는 존재입니다.
>
> 장경철, 『책읽기의 즐거운 혁명』

인간은 유통하는 존재입니다. 그리스도인을 하나님의 말씀을 유통하는 유통업자라고 생각할 때, 하나님의 말씀은 어떤 유통 과정을 거치게 될 지 서로 이야기해 봅시다.

유입, 보관, 유출

말씀의 유입은 말씀을 듣는 과정이고, 말씀의 보관은 말씀을 암송하거나 묵상하는 시간이며, 말씀의 유출은 말씀을 나누거나 전파하는 과정이다.

 **말씀유통에 탁월하셨던 예수님**

예수님은 탁월한 말씀유통업자이셨습니다. 하나님의 말씀을 유입하고, 저장하고, 유출하는 데 탁월하셨습니다. 아래의 질문을 읽고 각 문제마다 주어진 성경구절을 참고하여 서로 관련 있는 것끼리 줄을 이어봅시다.

1. 예수님은 어떻게 말씀을 유입하셨을까요? 예수님의 말씀유입 방법과 관련 있는 성경 본문을 줄로 연결해 봅시다.

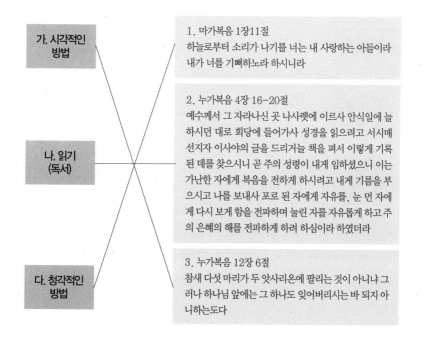

가. 시각적인 방법

나. 읽기 (독서)

다. 청각적인 방법

1. 마가복음 1장 11절
하늘로부터 소리가 나기를 너는 내 사랑하는 아들이라 내가 너를 기뻐하노라 하시니라

2. 누가복음 4장 16-20절
예수께서 그 자라나신 곳 나사렛에 이르사 안식일에 늘 하시던 대로 회당에 들어가사 성경을 읽으려고 서시매 선지자 이사야의 글을 드리거늘 책을 펴서 이렇게 기록된 데를 찾으시니 곧 주의 성령이 내게 임하셨으니 이는 가난한 자에게 복음을 전하게 하시려고 내게 기름을 부으시고 나를 보내사 포로 된 자에게 자유를, 눈 먼 자에게 다시 보게 함을 전파하며 눌린 자를 자유롭게 하고 주의 은혜의 해를 전파하게 하려 하심이라 하였더라

3. 누가복음 12장 6절
참새 다섯 마리가 두 앗사리온에 팔리는 것이 아니냐 그러나 하나님 앞에는 그 하나도 잊어버리시는 바 되지 아니하는도다

2. 예수님은 어떻게 말씀을 보관하셨을까요? 말씀을 찾아 적고 확인해 봅시다.

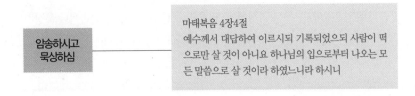

암송하시고
묵상하심

마태복음 4장 4절
예수께서 대답하여 이르시되 기록되었으되 사람이 떡
으로만 살 것이 아니요 하나님의 입으로부터 나오는 모
든 말씀으로 살 것이라 하였느니라 하시니

3. 예수님은 어떻게 말씀을 유출하셨을까요? 말씀을 탁월하게 나누신 예수님의
방법과 그 관련된 성경 본문을 서로 줄로 연결해 봅시다.

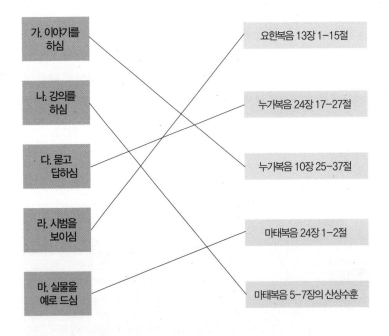

가. 이야기를
하심

나. 강의를
하심

다. 묻고
답하심

라. 시범을
보이심

마. 실물을
예로 드심

요한복음 13장 1-15절

누가복음 24장 17-27절

누가복음 10장 25-37절

마태복음 24장 1-2절

마태복음 5-7장의 산상수훈

1, 2, 3번의 질문은 유통의 3가지 요소를 중심으로 말씀유통에 탁월하셨던 예수님
의 모습을 살펴본 것이다. 예수님은 하나님 말씀을 읽고 듣는 것을 통하여 말씀을
유입하셨고, 그 뜻을 마음에 묵상하고 새김으로 보관하셨으며, 나눔(선포, 가르침,

몸소 실천)을 실천하심으로 말씀을 유출하셨다. 인도자는 학습자들이 예수님의 말씀유통방법과 그 관련된 본문을 공부할 수 있도록 성서의 본문을 낱낱이 찾아보고 답을 찾도록 도와야 한다. 이를 통하여 진지한 탐구 그 자체가 말씀유통의 과정에 참여하는 것임을 스스로 깨닫도록 지도해야 한다.

관점바꾸기 · 말씀 유통에 성공한 사람들, 실패한 사람들

평신도제자훈련교재

모세 시대에 광야에서 생활했던 이스라엘, 이스라엘의 초대 왕 사울, 큰 물고기의 배 안에 있었던 요나, 가룟 유다, 주님을 부인하고 도망한 베드로는 사역과 삶의 현장에서 깊은 상실과 실패를 경험합니다. 이들의 실패의 공통점은 말씀 유통을 실패한 것과 관련이 있습니다. 어떤 이는 말씀을 유입하는 데 실패했고, 어떤 이는 저장하는 데 실패했고, 어떤 이는 말씀대로 순종하며 실천하는 나눔의 삶에 실패했습니다. 말씀 유통을 실패하면 곧 삶과 사역을 실패하게 됩니다.
반면, 아브라함, 이삭, 요셉, 여호수아, 다윗, 예수님, 사도행전의 베드로와 바울은 그들의 삶과 사역에서 성공합니다. 말씀 유통에 성공했기 때문입니다. 그들은 말씀을 잘 유입하였고, 잘 저장(품기)했으며, 말씀대로 순종(나눔)했습니다.

1. 다음 표는 말씀유통에 성공한 사람들과 실패한 사람들을 정리한 표입니다. 자세히 읽어보고 내용 중에 나온 말씀을 찾아 그 내용을 적어봅시다. 각 사람들은 어떤 내용의 말씀을 유입하고(받아들이고), 저장하고(마음에 새기고), 유출하는(나누고 실천함) 데 성공하거나 실패했을까요?

말씀 유통의 성공자		말씀 유통의 실패자	
인 물	말씀의 유통	인 물	말씀의 유통
아브라함	창세기 12장 1-3절의 약속의 말씀을 듣고, 마음에 새긴 후 순종하여 이름대로 축복의 통로가 됨	아간	여호수아 7장은 이 사람과 관련된 스토리를 담는다. 그는 "아이성의 모든 전리품을 멸하라"는 하나님의 말씀을 유입하여 마음에 새겼으나, 탐욕이 그의 눈을 어둡게 하여 하나님의 말씀에 순종하는 데 실패한다. 그 결과 이스라엘 전체가 어려움을 당하고 그는 발각되어 불순종의 죄로 돌로 참형 당한다.
	창 12:1-3 여호와께서 아브람에게 이르시되 너는 너의 고향과 친척과 아버지의 집을 떠나 내가 네게 보여 줄 땅으로 가라 내가 너로 큰 민족을 이루고 네게 복을 주어 네 이름을 창대하게 하리니 너는 복이 될지라 너를 축복하는 자에게는 내가 복을 내리고 너를 저주하는 자에게는 내가 저주하리니 땅의 모든 족속이 너로 말미암아 복을 얻을 것이라 하신지라		수 6:18 너희는 온전히 바치고 그 바친 것 중에서 어떤 것이든지 취하여 너희가 이스라엘 진영으로 바치는 것이 되게 하여 고통을 당하게 되지 아니하도록 오직 너희는 그 바친 물건에 손대지 말라
베드로	누가복음 5장 4절은 고기잡이에 실패한 이 사람에게 주신 주님의 말씀이다. 그는 그 말씀을 마음에 새기고 믿음으로 순종한다. 그 결과 만선의 축복을 얻는다.	아나니아와 삽비라	자신의 소유를 팔아 신앙공동체를 섬기는 것에 대하여 성령의 감동을 받은 이 부부는 감동받은 대로 재산을 판다. 그러나 그들의 욕심이 감동대로 순종하고자 하는 부부의 발목을 잡고, 결국 판 소유의 절반만 베드로 사도 앞에 내놓는다. 그리고 이것이 전부라고 발언하고는 성령을 속인 죄로 즉사한다(행 5:1-11).
	누가복음 5장 4절 말씀을 마치시고 시몬에게 이르시되 깊은 데로 가서 그물을 내려 고기를 잡으라		행 5:3-4 베드로가 이르되 아나니아야 어찌하여 사탄이 네 마음에 가득하여 네가 성령을 속이고 땅 값 얼마를 감추었느냐 땅이 그대로 있을 때에는 네 땅이 아니며 판 후에도 네 마음대로 할 수가 없더냐 어찌하여 이 일을 네 마음에 두었느냐 사람에게 거짓말한 것이 아니요 하나님께로다

아브라함과 베드로는 말씀을 잘 받아들이고 순종함으로써 커다란 축복을 받는다. 반면 아간은 하나님의 말씀을 어기고 재물의 유혹에 넘어가고, 아나니아와 삽비라 역시 성령의 은혜 공동체를 섬길 것을 결심한 듯하지만 온전히 순종하지 못하고 성령을 속이는 실패를 하고 만다. 인도자는 학습자들이 위에서 소개한 말씀유통의 성공자와 실패자들의 삶을 '타산지석'으로 삼을 수 있도록 촉구해야 한다.

2. 하나님의 말씀을 유통하는 일에 있어서 나는 어떤 상태에 있나요?
   말씀의 유입, 저장, 유출의 영역으로 나누어서 스스로를 평가해 봅시다.

   • 말씀의 유입 :
   매일 저녁 텔레비전이나 인터넷을 통해 목사님들의 설교나 신앙인들의 간증을 듣고 있다. 매일 성경을 5장 이상씩 읽고 있다.

   • 말씀의 저장 :
   사역과정의 새길말씀을 암송하려고 노력한다.
   아침마다 Q.T를 하고 있다.

   • 말씀의 유출 :
   일상 생활에서 복음을 전하기 위해 노력한다.
   묵상한 말씀을 믿음으로 받아들이고 실천하기 위해 노력한다.

   각자의 생각을 들어보도록 한다.

   예상할 수 있는 답은 위와 같다. 학습자들이 솔직하게 고백할 수 있도록 하고 그를 통해 우리들의 모습을 되돌아보도록 하자. 서로 이야기를 나누는 과정을 통해 장점을 공유하고 단점을 줄여나갈 수 있도록 스스로 다짐하게 하고 충분히 격려한다.

말씀유통 계획서

사역자는 말씀유통의 전문가가 되어야 합니다. 그러기 위해서는 말씀유입, 말씀 저장, 말씀나눔의 세 가지 기본적인 활동에 적극적으로 참여하는 자가 되어야 합니다. 말씀유통 계획서를 작성하고 이것을 실천하기 위해 노력합시다.

다음은 안 권사님께서 작성한 "말씀유통 계획서"입니다. 잘 살펴본 후 나의 말씀 유통 계획서를 작성하고 실천해 봅시다.

안 권사님의 말씀유통 계획서

유입한 말씀 : 시편 23편

유입한 내용 :
하나님은 목자 같으신 분이시다.
(1) 목자이신 하나님은 양을 대하듯 우리에게 푸른 초장, 맑은 물을 제공하여 주신다.
  최상의 삶의 터전을 허락하신다. 번영케 하시는 하나님이시다.
(2) 목자이신 하나님은 역경의 자리에 함께 계셔서 역경을 건너가게 해주신다. 지팡이와 막대기로 말이다. 역경의 자리에도 함께 계시는 큰 도움이 되어주시는 하나님이시다.

저장한 말씀 :
하나님은 우리를 양처럼 여겨 최상으로 돌보아 주시는 참 선한 목자이시다.

말씀을 나눔 :
집 앞 '우리슈퍼' 주인 아주머니에게 나를 인도하시는 예수님에 대해서 전해야겠다.
말씀을 전하러 갈 때, 빈대떡을 조금 부쳐서 가져갈 계획이다.

나의 말씀유통 계획서

유입한 말씀 :

유입한 내용 :

저장한 말씀 :

말씀을 나눔 :

'말씀유통 계획서'는 말씀을 읽고 묵상하며 한 걸음 더 나아가서 말씀을 나누기 위해 작성하는 말씀 교안이다. 계획서에는 항상 말씀유입, 말씀저장, 말씀나눔의 3요소가 담겨있어야 한다. 말씀유입은 성경독서를 통하여 먼저 하나님의 말씀을 듣는 일이다. 말씀저장은 들은 말씀을 묵상하여 마음에 새기는 단계다. 말씀의 나눔은 유통의 최종단계다. 이 단계는 저장해 놓은 정보를 다양한 방식으로 표현해내는 단계로, 말씀을 전하거나 행동으로 실천하는 단계다.

새길말씀 외우기

이에 모세와 모든 선지자의 글로 시작하여 모든 성경에 쓴 바 자기에 관한 것을 자세히 설명하시니라 (눅 24:27)

다함께 드리는 기도

1. 오늘 배운 말씀과 내용을 생각하며 다함께 기도하는 시간을 갖도록 합시다.
2. 오늘 참석한 구성원들을 위해서 이름을 불러 가며 중보의 기도를 합시다.
3. 오늘 참석하지 못한 구성원이 있으면 그 사람을 위해 더욱 뜨거운 마음으로 기도합시다.
4. 한 주간의 삶을 통해서 오늘 배우고 익힌 내용들을 삶으로 살아갈 수 있도록 기도합시다.
5. 하나님의 은혜 가운데서 한 주를 살고, 다음 모임 시간에 모두가 모일 수 있도록 기도합시다.

*사역자로서 이 과를 마치고 난 느낌이나 소감, 다짐 등을 간단하게 말해 봅시다.

다음 모임을 위하여

1. 다음 주에 읽어야 할 성경말씀을 읽고 확인합시다.
2. 20과의 배울말씀인 누가복음 24장 13-35절을 읽고 묵상합시다.

평신도제자훈련교재
평가하기

평가항목	세부사항	그렇다	그저 그렇다	아니다
인도자의 준비도	인도자는 본 과의 교육목적을 이룰 수 있도록 충분하게 준비했습니까?			
교육목표의 성취도	1. 학습자들은 자신의 잘못된 선입견과 고정관념을 버리고 순수한 마음으로 주님을 만날 준비가 되었습니까? 2. 학습자들이 예수에 대하여 지식적으로 아는 (know) 단계에서 체험적으로 아는(see) 단계로 발전하고자 결단하게 되었습니까?			
학습자의 참여도	학습자들이 진지하고 적극적인 태도로 성경공부에 임했습니까?			
성경공부의 분위기	성경공부를 하는 동안 학습자들이 편안한 분위기를 느낄 수 있었습니까?			
기타 보완할 점	기타 보완할 점이나 건의사항이 있습니까?			

성경 읽기표

읽을 범위		월 일 주일	월 일 월요일	월 일 화요일	월 일 수요일	월 일 목요일	월 일 금요일	월 일 토요일
	구약	주일은 설교말씀 묵상	느 7~9장	느 10~13장	에 1~3장	에 4~6장	에 7~10장	욥 1~3장
	신약		행 21~22장	행 23~24장	행 25~26장	행 27~28장	롬 1장	롬 2장
확인								

20
평신도 제자훈련교재

말씀 나눔의 탁월한 리더

배울말씀 누가복음 24장 13-35절

도울말씀 행 8:26-40

새길말씀 그들이 서로 말하되 길에서 우리에게 말씀하시고 우리에게 성경을 풀어
주실 때에 우리 속에서 마음이 뜨겁지 아니하더냐 하고 (눅 24:32)

이룰 목표

① 예수님의 리더십이 말씀에 근거한 것임을 깨닫는다.

② 리더가 갖추어야 할 말씀 나눔의 세 가지 기술을 습득한다.

③ 말씀을 나누는 리더가 되어 능력 있는 사역을 한다.

교육흐름표

| 5 min | 10 min | 20 min | 15 min | 10 min |
| O.T. | 관심 | 탐구 | 관점 | 실천 |

교육진행표

구분	오리엔테이션	관심갖기	탐구하기	관점바꾸기	실천하기
제목		예수님과의 데이트	예수님과 동행한 사람들	말씀이 흐르고 흘러서	말씀을 나누는 사람 되게 하소서
내용	환영 및 개요 설명	예수님과의 동행	예수님의 나눔 방법	전해지는 말씀	말씀 나누기
방법	강의	생각 나누기	성경 찾아 답하기	생각 나누기	서약서 작성하기
준비물	출석부		성경책		
시간(60분)	5분	10분	20분	15분	10분

말씀과 주제이해

사역자는 어떤 분야에서 사역을 하든 말씀나눔에 탁월한 리더가 되어야 한다. 소그룹이라는 공동체에서 서로 말씀을 나누는 것은 참으로 값진 경험이기에 사역자는 항상 서로 말씀을 나눌 수 있도록 기회를 이끌어내야 한다. 예수 그리스도와 빌립의 모습에서 우리는 말씀을 나누는 리더의 모습을 배우게 된다.

예수님은 제자 12명에게 특별하게 관심을 가지셨다. 복음서 곳곳에서 우리는 예수께서 이들과 말씀을 나누는 말씀유통의 모습을 발견하게 된다. 예수님은 무리에게 씨 뿌리는 비유를 말씀하신 후 12명의 제자들에게만 직접적으로 그 비유를 해석해 주셨다(눅 8:11-15). 귀신들린 아이를 고치신 후에는 제자들에게 예수님 자신의 미래(죽으심과 부활)에 관하여 말씀해 주셨다(눅 9:43-45). 말씀유통의 아름다운 모습은 엠마오로 가는 길 위에서 제자들과 함께한 순간에도 볼 수 있다(눅 24:13-35). 이 장면에서 우리는 말씀나눔을 위해서 사역자가 갖추어야 할 모습을 발견한다. 예수님의 이야기를 들은 후에 제자들은 "아하 그렇구나!" 하는 감탄을 자아내게 된다.

말씀나눔에 탁월했던 빌립이 사도가 아닌 평신도 지도자였다는 것은 주목할 만하다. 사도행전 8장 26절부터 40절에 소개되는 이야기는 빌립이 에디오피아의 고위관리에게 복음의 메시지를 전하여(유통하여) 에디오피아 최초의 그리스도인을 세워 복음전도자로 파송한다는 내용이다. 마음을 열고 낯선 사람에게 적극적으로 찾아가는 그의 모습을 통해 말씀나눔을 위하여 사역자가 갖추어야 할 내적인 자질에 관해 배울 수 있다. 영혼에 대한 관심, 복음에 대한 열정, 전달해야할 내용에 대한 지식, 그리고 그 모든 것들을 설득력 있게 전달하는 능력은 말씀을 전해야 하는 사역자뿐만 아니라 모든 기독교인들이 갖추어야 할 소양이다. 말씀에 설득된 에디오피아인은 자청하여 세례받기를 요청한다.

말씀의 유통은 특별히 소그룹이라는 환경에서 그 영향력을 발휘한다. 인격적인 교류가 있는 모임에서 성령에 대해 서로 고백하고 증거하는 가운데 더 큰 은혜가 임하기 때문이다. 물론 말씀나눔의 순간에 성령께서 강권적으로 역사하시지만 그 과정에서 사역자의 역할도 결코 가볍지 않다. 우리는 말씀유통의 사역자로 준비되기 위해 노력해야 한다.

관심갖기 평신도제자훈련교재   예수님과의 데이트

다음의 글은 엠마오로 가는 길에 예수님을 만났던 제자 중 한 명인 글로바를 가상으로 인터뷰한 내용입니다(눅 24:13-45). 상상력을 발휘해 재미있게 읽고 질문에 답해봅시다.

정기자 : 안녕하십니까? 저는 성결일보의 정확한 기자 정기자입니다. 오늘은 엠마오로 내려가는 길에 예수님을 만난 것으로 알려진 글로바 씨와의 인터뷰를 전해드리고자 합니다.

　안녕하세요. 글로바 씨, 인터뷰에 응해 주셔서 감사합니다.

글로바 : 아닙니다. 오히려 제가 영광입니다.

정기자 : 예수님과 말씀을 나누기 전 글로바 씨의 마음 상태는 어떠했나요?

글로바 : 충격에 빠져 있었습니다. 예수님께서 십자가에 달려 처형되신 것과 무덤에 묻히는 것을 제 눈으로 확인했으니까요. 그분과 하나님 나라를 건설하는 꿈과 비전을 나누고 그것을 실현코자 모든 것을 걸었는데…… . 예수님께서 십자가에 달려서 돌아가셨을 때 제 꿈도, 제 인생도 사라졌습니다. 그래서 모든 것을 접고 고향 엠마오로 가는 길이었습니다.

정기자 : 그랬군요. 그렇다면 예수님은 언제 글로바 씨에게 찾아오셨습니까?

글로바 : 실의와 절망에 빠져서 예수님과 함께 아름다웠던 추억을 나눌 때였습니다. 선생님은 자연스럽게 우리들의 길동무가 되셨고, 가는 동안 우리의 이야기를 잘 들어주셨습니다. 힘든 순간에 위로가 되는 친구가 되어준 것이지요.

정기자 : 예수님이 어떤 말씀을 들려주시던가요?

글로바 : 한마디로 예수님 자신에 관한 이야기였습니다. 구약성경에 기록된 당신에 관한 예언들을 차례로 일깨워 주시면서 최근의 일들이 성경의 예언이 구체적으로 실현된 거라고 가르쳐주셨습니다. 그러고 보니 체포되시기 전에 예수님은 세 번씩이나 자신에 관해 이야기하셨지요. 체포되고, 고난당하고, 죽으시고 3일만에 부활하실 것이라는 그 이야기 말예요. 아무튼 실감나는 이야기였습니다.

정기자 : 그렇다면 그분이 그 이야기를 들려주신 부활하신 예수님이라는 사실을 언제 알게 되었습니까?

글로바 : 사실 처음부터 예사롭지는 않았습니다. 그분의 말씀을 듣는 순간 가슴이 뜨거워지기 시작했습니다. 하지만 그분이 예수님일 것이라고는 생각조차 못했지요. 부활에 관한 말씀을 듣긴 했지만, 상식적으로는 이해할 수 없었으니까요. 그분이 예수님인 것을 알게 된 것은 저녁식사를 함께할 때였어요. 떡을 떼어 주시는데, 딱 그때 '아, 예수님이시구나.' 싶었습니다. 그런데 자리에 안 계시더라구요.

정기자 : 예수님과 말씀을 나눈 후 당신에게 어떤 변화가 일어났나요?

글로바 : 예수님과 말씀을 나눈 후, 제게 놀라운 변화가 나타났습니다. 그분이 나의 구세주라는 확고한 믿음, 사명자로서의 헌신, 꿈과 비전의 회복이 그것입니다. 실로 제 인생에 결코 잊을 수 없는 놀라운 경험이었습니다. 할렐루야!

정기자 : 감사합니다. 저도 예수님과 꼭 말씀을 나누어보고 싶습니다.

1. 예수님의 말씀을 들은 후 글로바에게 어떤 변화가 있었나요?

   각자의 생각을 나누어 본다.
   믿음의 확신, 사명자로서의 헌신, 꿈과 비전의 회복 등

2. 만약 나에게 글로바처럼 예수님과 동행하면서 예수님의 말씀을 들을 수 있는
   기회가 주어진다면 예수님께서 나의 어떤 부분에 관해 말씀해 주시기를 바라
   나요?

   각자의 이야기를 들어본다.

   각자가 가지고 있는 고민이나 기도거리들이 해결되기를 바라는 마음이 있을 것이
   다. 혹은 자신의 약점이 강점으로 변화되기를 바라는 이들도 있을 것이다.

3. 내가 만약 예수님이라면 실의에 찬 글로바에게 어떤 말씀을 전해주었을까요?

   각자의 이야기를 들어본다.
   예수님에 대한 증언, 믿음에 대한 권고, 위로의 말 등

   정해진 답은 없다. 상상력을 동원해서 자유롭게 이야기할 수 있도록 도와주자.

평신도 제자 훈련 교재
탐구하기   예수님과 동행한 사람들

배울말씀인 누가복음 24장 13-35절을 잘 읽어본 후 예수님은 어떻게 말씀 나눔
의 소그룹을 인도하셨는지 그 방법을 배워봅시다.

13 마침 그날에 그들 가운데 두 사람이 예루살렘에서 한 삼십 리 떨어져 있는 엠마오라는 마을로 가고 있었다. 14 그들은 일어난 이 모든 일을 서로 이야기하고 있었다. 15 그들이 이야기하며 토론하고 있는데, 예수께서 가까이 가서, 그들과 함께 걸으셨다. 16 그러나 그들은 눈이 가려져서 예수를 알아보지 못하였다. 17 예수께서 그들에게 물으셨다. "당신들이 걸으면서 서로 주고 받는 이 말들은 무슨 이야기입니까?" 그들은 침통한 표정을 지으며 걸음을 멈추었다. 18 그때에 그들 가운데 하나인 글로바라는 사람이 예수께 말하였다. "예루살렘에 머물러 있었으면서, 이 며칠 동안에 거기에서 일어난 일을 당신 혼자만 모른단 말입니까?" 19 예수께서 그들에게 물으셨다. "무슨 일입니까?" 그들이 그에게 말하였다. "나사렛 예수에 관한 일입니다. 그는 하나님과 모든 백성 앞에서, 행동과 말씀에 힘이 있는 예언자였습니다. 20 그런데 우리의 대제사장들과 지도자들이 그를 넘겨주어서, 사형선고를 받게 하고, 십자가에 못박아 죽였습니다. 21 우리는 그분이야말로 이스라엘을 구원하실 분이라는 것을 알고서, 그분에게 소망을 걸고 있었던 것입니다. 그뿐만 아니라, 그런 일이 있은 지 벌써 사흘이 되었는데, 22 우리 가운데서 몇몇 여자가 우리를 놀라게 하였습니다. 그들은 새벽에 무덤에 갔다가, 23 그의 시신을 찾지 못하고 돌아와서 하는 말이, 천사들의 환상을 보았다는 것입니다. 천사들이 예수가 살아 계신다고 말했다는 것입니다. 24 그래서 우리와 함께 있던 몇 사람이 무덤으로 가서 보니, 그 여자들이 말한 대로였고, 그분은 보지 못하였습니다." 25 예수께서는 그들에게 말씀하셨다. "어리석은 사람들입니다. 예언자들이 말한 모든 것을 믿는 마음이 그렇게도 무디니 말입니다. 26 그리스도가 마땅히 이런 고난을 겪고서, 자기 영광에 들어가야 하지 않겠습니까?" 27 그리고 예수께서는 모세와 모든 예언자에서부터 시작하여 성경 전체에서 자기에 관하여 써 놓은 일을 그들에게 설명하여 주셨다. 28 그 두 길손은 자기들이 가려고 하는 마을에 가까이 이르렀다. 그런데 예수께서는 더 멀리 가는 척하셨다. 29 그러자 그들은 예수를 만류하여 말하였다. "저녁때가 되고, 날이 이미 저물었으니, 우리 집에 묵으십시오." 예수께서 그들의 집에 묵으려고 들어가셨다. 30 그리고 그들과 함께 음식을 잡수시려고 앉으셨을 때에, 예수께서 빵을 들어서 축복하시고, 떼어서 그들에게 주셨다. 31 그제서야 그들의 눈이 열려서, 예수를 알아보았다. 그러나 한순간에 예수께서는 그들에게서 사라지셨다. 32 그들은 서로 말하였다. "길에서 그분이 우리에게 말씀하시고, 성경을 풀이하여 주실 때에, 우리의 마음이 뜨거워지지 않았습니까?" 33 그들이 곧바로 일어나서, 예루살렘에 돌아와서 보니, 열한 제자와 또 그들과 함께 있던 사람들이 모여 있었고, 34 모두들 "주님께서 확실히 살아나시고, 시몬에게 나타나셨다." 하고 말하고 있었다. 35 그래서 그 두 사람

도 길에서 겪은 일과 빵을 떼실 때에 비로소 그를 알아보게 된 일을 이야기하였다.

누가복음 24장 13~35절 / 새번역

1. 예수께서 말씀을 나누신 장소는 어디이고 말씀을 나누신 대상은 누구입니까?

    (1) 장소(13,32절) : 엠마오로 내려가는 길

    (2) 대상(13,18절) : 글로바와 다른 익명의 제자

2. 말씀 나눔에 있어서 가장 기본적이고도 중요한 것은 리더와 소그룹간에 열린 관계가 되어 편안한 분위기를 만드는 일입니다. 이런 관계와 분위기를 만들기 위해 예수께서 행하신 일은 무엇입니까?(15절)

    함께 동행함으로 말벗이 되심

3. 예수님과 제자들 사이의 말씀 나눔의 주된 관심은 무엇이었고, 주님은 그 관심을 어떤 방법으로 해결해 주셨습니까?

    (1) 주된 관심 (25-27절) : 예수님의 믿을 수 없는 부활사건

    (2) 관심을 해결해 주시는 방법(32절) : 성경을 자세하게 풀어주심으로

4. 말씀 나눔의 과정에서 예수께서 주로 사용하신 방법은 무엇인가요?

    질의 응답법(대화법)(17-27절)과 삶의 나눔을 통한 접촉의 방법(30-31절)

예수님은 말씀을 전하시는 데 탁월한 모델이시다. 그분은 유통할 대상자를 잘 아시고, 먼저 대상자에게 찾아가 친구가 되어주신다. 친숙한 존재가 되는 것은 말씀을 잘 유통할 수 있는 중요한 요소이다. 말씀을 나눌 대상의 삶과 이슈에 깊은 관심을 가지고 분명한 진리를 감동적으로 전할 때 대상자가 큰 깨달음을 얻게 된다. 그래서 말씀 나눔을 통하여 스스로 자신이 어떻게 살아야 할지를 묻게 되고, 본래의 비전과 사명의 자리로 돌아갈 수 있게 된다.

말씀 나눔의 탁월한 모델이신 예수님께서 오늘 우리의 말씀 나눔을 위한 소그룹 활동에 대하여 몇 가지 교훈을 던지신다. 우리는 소그룹간에 영적인 분위기를 창조하는 일, 전할 말씀의 내용을 분명하게 정리하는 일, 말씀을 전하는 탁월한 방법과 기술에 대한 연구, 무엇보다 삶에 다가가서 함께하는 것 등을 예수님께 배울 수 있다.

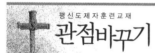

평신도제자훈련교재
관점바꾸기
말씀이 흐르고 흘러서

아래의 글을 읽고 주어진 질문에 답해봅시다.

> 킴벌(E. Kimbal)은 보스턴에 있는 한 작은 교회인 '마운트버농 회중교회'의 주일학교 교사였습니다. 1858년 어느 날, 그는 구둣방에서 일하는 자기 반 학생을 직접 방문하여 하나님의 말씀을 전하고 함께 기도하는 중에, 그를 그리스도께로 인도했습니다. 그 가난한 학생의 이름이 바로 후일 세계적인 전도자가 되어 미국을 감동시킨 무디(D. L. Moody)입니다. 그런데 이 이야기는 여기서 끝나지 않고 계속됩니다.
>
> 이렇게 회심한 후에 전도자가 된 무디는 21년 후 런던을 방문하여 큰 전도 집회를 열었고, 거기에 참석한 메이어(F. Meyer)가 주님을 영접했습니다. 그 뒤 목사가 된 메이어가 미국에 가서 하나님의 말씀을 전하였고, 그 모임에서 채프만(J, Chapman)이 회심하였습니다. 그리고 YMCA에서 일

했던 채프만이 야구선수 선데이(B. Sunday)에게 하나님의 말씀을 가르쳤습니다.

나중에 전도자가 된 선데이는 함(M. Ham)을 강사로 초빙하여, 노스캐롤라이나 샬로트에서 3주 동안 집회를 가졌습니다. 그런데 그 결과가 너무나 실망스러웠습니다. 결신자가 겨우 16세 소년 한 명뿐이었던 것입니다. 그러니 거의 실패한 집회처럼 보였을 것입니다. 그런데 놀랍게도 그 소년이 훗날 전 세계 수천만 군중에게 복음을 전하게 될 빌리 그레이엄이었습니다. 이 모든 일이 한 주일학교 교사로부터 시작된 일이었습니다.

1888년, 게일이라는 선교사가 한국으로 떠나기 바로 전날, 51세의 무디가 게일의 어깨를 두드리며 이렇게 격려했다고 합니다. "자네가 조선으로 간다지. 내 자네를 위해 기도할 걸세!" 1907년, 평양 대부흥 운동의 주역들인 마포삼열, 윌리엄 블레어, 그레이엄 리, 스왈른, 찰스 번하이젤, 그리고 윌리엄 헌트 역시 무디의 부흥 운동을 경험하고 복음의 열정에 불타 조선으로 달려온 사람들이었습니다.

킴벌 선생에서 시작된 하나님의 말씀을 전하는 일이 이렇게 무디와 여러 말씀 사역자들을 통해 전 세계로 퍼져나갔고 마침내 우리나라에도 그 영향력을 끼치게 되었던 것입니다.

1. 보잘것없는 어린 구두수선공이었던 무디에게 말씀을 전한 킴벌을 생각하면 어떤 생각이 드나요?

각자의 생각을 들어본다.

말씀을 전할 대상은 따로 정해진 것이 아니다. 우리 주변의 모든 사람이 대상자다. 비록 내가 전하는 하나님의 말씀이 지금 당장은 대수롭지 않아 보일지라도 그것이 어떠한 결과를 나을지는 오직 성령만이 아신다. 감사함과 기대감을 가지고 말씀을 전하는 일에 힘을 쏟아야 한다.

2. 나는 누구를 통해 하나님의 말씀을 듣게 되었나요? 그때의 일을 이야기해 봅시다. 그리고 오늘 내가 말씀을 전할 수 있는 사람은 누가 있을까요? 생각해보고 이야기를 나누어 봅시다.

각자 생각할 시간을 가진 후 서로 이야기를 나누어 본다.

'나는 누구를 통해 전도를 받았고 누구에게 복음을 전할 수 있나?' 하는 생각은 오늘 나의 모습을 되돌아보고 새로운 다짐을 하는 기회가 될 수 있다. 특별히 이 과에서는 단순히 교회로 초청을 받거나 초청을 한 경험보다는 하나님의 말씀, 즉 성경의 구절이나 복음의 내용을 들었을 때에 초점을 맞추어서 진행하면 보다 더 의미있는 시간이 될 것이다.

평신도제자훈련교재
실천하기   말씀을 나누는 사람 되게 하소서

탁월하게 말씀을 나누는 사역자로서 그 역할과 사명을 감당할 것을 다짐하는 '말씀나눔 사명 서약서'를 작성해 봅시다. 서약서를 작성하는 일은 단순히 서류를 작성하거나 시간을 고려해보는 차원을 넘어서서, 각오를 새롭게 하고 서로를 위해 격려하기로 약속하는 공적인 힘이 있습니다. 내가 할 수 있는 능력이 무엇인지 잘 생각해 보고 실질적으로 작성해 봅시다.

말씀나눔 사명 서약서

나, (   )은(는) 말씀을 나누는 사역자로서 주어진 역할과 사명을 충실하게
감당하기 위하여 다음과 같은 실천사항을 꼭 이행할 것을 다짐합니다.

하나, 언제나 성경을 가까이하고 하루에 30분 이상 말씀을 묵상하겠습니다.
하나, 말씀을 나눌 한사람 한사람을 위해 매일 기도하겠습니다.
하나, 말씀을 나누는 모임을 잘 이끌기 위해서 꼭 시간을 정해서
        준비하도록 하겠습니다.
하나, 말씀을 효과적으로 나눌 수 있도록 독서, 말씀정리,
        나눔의 기술을 습득하는 데 최선을 다하겠습니다.
하나, 전하고 나눈 말씀대로 늘 실천하며 살겠습니다.

_____년 _____월 _____일

서약자 _____ (인)

서약서를 작성한 후, 서약서의 내용을 잘 실천할 수 있도록 서로를 위해 중보기도
하는 시간을 갖고 모임을 마친다.

새길말씀 외우기

그들이 서로 말하되 길에서 우리에게 말씀하시고 우리에게 성경을 풀어 주실 때에 우리 속에서 마음이 뜨겁지 아니하더냐 하고 (눅 24:32)

다함께 드리는 기도

1. 오늘 배운 말씀과 내용을 생각하며 다함께 기도하는 시간을 갖도록 합시다.
2. 오늘 참석한 구성원들을 위해서 이름을 불러 가며 중보의 기도를 합시다.
3. 오늘 참석하지 못한 구성원이 있으면 그 사람을 위해 더욱 뜨거운 마음으로 기도합시다.
4. 한 주간의 삶을 통해서 오늘 배우고 익힌 내용들을 삶으로 살아갈 수 있도록 기도합시다.
5. 하나님의 은혜 가운데서 한 주를 살고, 다음 모임 시간에 모두가 모일 수 있도록 기도합시다.

＊사역자로서 이 과를 마치고 난 느낌이나 소감, 다짐 등을 간단하게 말해 봅시다.

다음 모임을 위하여

1. 다음 주에 읽어야 할 성경말씀을 읽고 확인합시다.
2. 21과의 배울말씀인 마태복음 24장 1-28절을 읽고 묵상합시다.

평신도제자훈련교재
평가하기

평가항목	세부사항	그렇다	그저 그렇다	아니다
인도자의 준비도	인도자는 본 과의 교육목적을 이룰 수 있도록 충분하게 준비했습니까?			
교육목표의 성취도	1. 학습자들은 자신의 잘못된 선입견과 고정관념을 버리고 순수한 마음으로 주님을 만날 준비가 되었습니까? 2. 학습자들이 예수에 대하여 지식적으로 아는(know) 단계에서 체험적으로 아는(see) 단계로 발전하고자 결단하게 되었습니까?			
학습자의 참여도	학습자들이 진지하고 적극적인 태도로 성경공부에 임했습니까?			
성경공부의 분위기	성경공부를 하는 동안 학습자들이 편안한 분위기를 느낄 수 있었습니까?			
기타 보완할 점	기타 보완할 점이나 건의사항이 있습니까?			

성경 읽기표

읽을 범위		월 일 주일	월 일 월요일	월 일 화요일	월 일 수요일	월 일 목요일	월 일 금요일	월 일 토요일
	구약	주일은 설교말씀 묵상	욥 4~6장	욥 7~9장	욥 10~12장	욥 13~15장	욥 16~18장	욥 19~21장
	신약		롬 3장	롬 4장	롬 5장	롬 6장	롬 7장	롬 8장
확인								

MEMO

6단원
사역자는 이단을 경계해야 합니다

단원 설명

6단원은 사역자의 훈련에 있어서 이단에 대한 대비에 대해 다룬다. 교회에 침투하고 있는 이단에 대해 정확하게 이해하고 대비하는 사역자가 있을 때, 주님의 몸된 교회를 건강하게 할 수 있다. 한국교회는 지금 심각한 영적 전쟁을 치르고 있다. 한국교회는 그동안 복음을 증거하는 일에 열심을 다해왔으며 사탄이 이 일에 온갖 수단과 방법을 동원하여 방해하였다. 그럼에도 불구하고 이에 대해 교회와 믿는 자들이 영적으로 깨어 있어 담대한 믿음으로 승리하면서 믿지 않는 자들과 신앙을 가졌다가 잃어버린 자들을 십자가의 은혜로 돌아와 예수 그리스도의 사람이 되어 죄와 단절한 새로운 삶을 살도록 하게 했다. 그렇게 한국교회는 부흥을 이루었고 성장하였다. 그런데 사탄이 이제 교묘한 방법을 동원하여 교회를 공격하고 있다. 믿음이 없는 자들이 계속 믿지 않도록 하는 것이 아니라 믿는 자들을 미혹함으로 공격하는 것이다. 특히 교회 속에 이단세력들을 교묘하게 침투시켜 목회자와 교인 간, 혹은 교인 간에 이간질을 해서 갈등과 불신을 조장하여 교회를 깨뜨리고, 믿는 자들로

하여금 교회를 떠나게 하여 자신들의 집단으로 포섭하거나, 아예 믿음을 저버리게 만들고 있는 것이다.

이단은 예수 그리스도로 말미암은 구원 외에 율법적 순종 및 행위를 강조하거나, 특정한 인물을 구원자로 내세우거나, 특정한 교리를 힘써 강조하는 주장이나 입장 및 견해를 말한다. 사역자들은 담임목회자를 도와 건강한 교회를 세우고 지키기 위해 교회 내에 침투하려고 하는 이단세력들에 대해 철저히 연구하여 대비해야 한다. 이를 위해서는 우선 교회가 진리에 대한 가르침과 배움의 과정을 통해 교인들이 무지하여 이단에 빠지는 일이 없도록 해야 하고, 무엇보다 다양한 '소외'를 겪고 있는 이 시대 속에서 사랑과 관심, 그리고 격려 등을 통해 서로의 생각과 삶을 나누며 결코 '혼자'가 아니라 '함께'라는 실존을 경험할 수 있도록 해야 한다. 이런 공동체가 건강한 교회이다.

21

평신도 제자훈련교재

이단이란 무엇인가?

배울말씀 마태복음 24장 1-28절

도울말씀 갈 5:20, 딛 3:10, 벧후 2:1

새길말씀 거짓 그리스도들과 거짓 선지자들이 일어나 큰 표적과 기사를 보여 할 수만
있으면 택하신 자들도 미혹하리라 (마 24:24)

이룰 목표

① 그리스도 예수의 일꾼된 사역자로서 오늘날 교회를 공격하는 이단에 대해 이해할 수 있다.

② 이단들의 목표는 그리스도 예수의 구속의 은혜로 택하신 자들을 미혹케 하는 것이라는 사실을 깨달을
수 있다.

③ 끊임없이 교회를 공격하는 이단들에 대해 깨어있기 위해 경계해야 할 단체들의 이름을 찾아볼 수 있다.

교육흐름표

15 min	10 min	20 min	10 min	5 min
O.T.	관심	탐구	관점	실천

교육진행표

구분	오리엔테이션	관심갖기	탐구하기	관점바꾸기	실천하기
제목		들어보신 적이 있나요?	미혹당하지 맙시다!	이단분별하기	현대종교 홈페이지방문하기
내용	환영 및 단원 개요 설명	이단들의 명칭	이단들의 습성	이단에 대한 대응책	이단정보 확인하기
방법	강의	경험 나누기	성경 찾아 답하기	강의 및 생각 나누기	검색하기
준비물	출석부		성경책		
시간(60분)	15분	10분	20분	10분	5분

말씀과 주제이해

　한국교회는 지금 영적 전쟁 중이다. 외부적으로는 안티기독교를 필두로 하여 사회일반의 거센 비난과 맞서야 하고, 내부적으로는 각종 이단사이비로 인해 교회와 가정들이 막대한 피해를 겪고 있기 때문이다. 특히 내부적인 영적전쟁에 대해서는 예수님께서 마태복음 24장 23,24절을 통해 이미 예고하셨다. "그때에 사람이 너희에게 말하되 보라 그리스도가 여기 있다 혹은 저기 있다 하여도 믿지 말라 거짓 그리스도들과 거짓 선지자들이 일어나 큰 표적과 기사를 보여 할 수만 있으면 택하신 자들도 미혹하리라" 즉 종말의 때가 오면 자신을 그리스도로 자칭하는 자들이 나타날 것이고, 종말의식이 강화되는 시점에 특이한 능력을 가진 것처럼 위장하는 자들이 등장할 것이며, 하나님이 택하신 성도들을 미혹하여 자기의 것으로 삼고자 하는 자들이 활개를 치게 되리라는 말씀이다. 특히 최근에는 이단사이비에 소속된 자들이 교회 내에 은밀히 위장 침투하여 교회를 분열시키고 교인들을 자신들의 집단으로 포섭해가는 방식을 통해 자신들의 교세를 확장해가고 있는 실정이다. 그러므로 교회에서 사역자로 세워지기 위해 훈련을 받고 있는 일꾼이라면 이단에 대해 철저하게 대비해야한다.

　교회는 예수 그리스도의 사랑과 은혜, 그리고 희생으로 말미암았으며, 뿐만 아니라 예수를 그리스도로 고백하는 제자들의 공동체 속에 임하신 성령님의 역사를 통해 세워진 믿음공동체다. 그러므로 교회는 사도 바울의 고백처럼 예수 그리스도의 터 위에(고전 3:11) 세워진 하나님의 밭이요 하나님의 집인 동시에(고전 3:9), 또한 예수 그리스도의 몸인 것이다(엡 1:23). 교회는 이러한 스스로의 정체성을 지키기 위해 부단히 노력한다. 그래서 하나님의 말씀에 입각한 중요한 신학적 내용들에 대해서 성령님의 인도함을 따라 지혜를 구하고 또 기도하면서 교회에서 인정할 수 있는 입장과 견해 등을 일반적으로 정통 교리로 삼았던 것이다. 그러므로 이단사이비들의 견해와 같은 교회에서 인정하기 불가능한 특정한 견해에 대해서는 배타적일 수밖에 없다. 그들은 교회에서 가르치고 있는 정통 교리에 어긋난 자신들의 논리를 통해 믿는 자들을 미혹하고 있기 때문이다. 뿐만 아니라 이단은 성경을 자의적으로 해석하고, 그것을 하나님의 말씀으로 위장시켜 하나님이 세우신 교회를 파괴하려는 목적으로 다른 복음을 전하며, 성령의 감동으로 기록된 영원하고 절대적이며 온전한 진리인 하나님의 말씀을 변경하고 가감함으로 기독교의 근본진리를 위반하고 부정하기도 한다. 성결교회에서는 이단에 대해 "이단은 예수 그리스도로 말미암은 구원 외에 율법적 순종과 행위를 강조하거나, 특정한 인물을 구원자로 내세우거나, 아니면 특정한 교리를 힘써 강조하는 자들"이라고 말한다.

한국교회에 등장하고 있는 이단들의 유형에는 종교 혼합주의 유형, 현세기복주의 유형, 그리고 광신적 신비주의 유형이 있다. 우선 첫째로 종교 혼합주의 유형은 대표적으로 통일교가 이런 유형에 속한다. 이 유형은 전통적인 동양사상, 특히 음양오행설이나 도참사상 등을 활용하여 기독교의 교리를 해석한다. 한국의 마귀론이나 귀신론도 성경과는 거리가 먼 무속문화와 혼합되어 있으며, 개인의 신비체험을 그 기초로 한다. 둘째로는 현세기복주의 유형이 있다. 이는 현세에 부귀영화를 달성하고 질병이나 재앙을 피해보려는 신앙형태로, 남이 어떻게 되든지 자신만 복을 받으면 된다는 기복주의적 형태로 이단사이비에서 강하게 나타나는 유형이다. 이들은 이웃과 사회에 대한 윤리적 책임의식이 없다. 셋째로는 광신적 신비주의 유형이 있다. 다수의 이단사이비 교주들은 투시, 예언, 안찰, 안수, 방언, 통역, 축귀, 환상, 치병, 몽시, 입신 등의 신비능력을 자랑하며, 이러한 방법들을 극단적이고 절대적인 방법으로 여긴다. 그리고 이것들을 무기로 삼아 성도들을 유인하고 위협을 가하기도 한다. 이러한 감정에 치우친 광신적 신비주의는 인간을 무아지경에 빠지게 하고 무인격, 무의식, 탈사회현상을 초래하여 교회와 사회에 많은 피해를 줄 수 있다.

평신도제자훈련교재
관심갖기

들어보신 적이 있나요?

혹시 여러분은 아래에 있는 이단들에 대해, 혹은 그곳에 빠져 어려운 상황에 있는 분들의 이야기를 들어보신 적이 있나요? 있다면 이야기해 봅시다.

이단 단체

- 세계평화통일가정연합(통일교, 문선명)
- 신천지예수교증거장막성전(신천지, 이만희)
- 기독교복음선교회(JMS 정명석)
- 하나님의교회 세계복음선교협회(안증회, 안상홍)
- 제칠일안식일예수재림교회(안식교)
- 예수그리스도후기성도교회(몰몬교)
- 여호와의증인
- 기쁜소식선교회(구원파, 박옥수)
- 서울중앙교회(구원파, 이요한)
- 기독교복음침례회(권신찬, 유병언)
- 기독교베뢰아교회연합(베뢰아, 김기동)
- 세계복음전도협회(다락방, 류광수)
- 만민중앙교회(이재록)
- 예수중심교회(이초석)
- 지방교회(위트니스 리)
- 말씀보존학회(성경침례교회, 이송오)

위의 단체들은 우리나라에서 이단문제와 관련하여 그 실태와 피해를 알릴뿐만 아니라 대처할 수 있도록 돕고 있는 '현대종교' 홈페이지에 있는 내용이다. 평신도들에게는 낯선 집단들이기 때문에 자주 알려주어서 도움을 주어야 한다.

마태복음 24장 1-28절을 읽고 다음 질문에 답해 봅시다.

1. 예수님께서 감람산에 계실 때에 제자들이 조용히 와서 물어보았던 내용이 무엇인가요? 1-3절을 읽고 찾아 이야기해 봅시다.

   3절에 보면, 제자들이 "우리에게 이르소서. 어느 때에 이런 일이 있겠사오며 또 주의 임하심과 세상 끝에는 무슨 징조가 있사오리이까?" 라고 질문한다. 이는 2절에서 예수님께서 예루살렘이 로마에 의해 파괴될 것이라고 예언한 내용에 대한 질문이다.

2. 제자들은 앞으로 다가올 일들에 대해 '어느 때에' 혹은 '무슨 징조'에 대해 궁금해 했습니다. 이에 대해 예수님께서 먼저 말씀하신 내용은 무엇입니까? 4-6절을 읽고 찾아 이야기해 봅시다.

   예수님께서는 언제, 어떤 일에 대해 궁금해 하는 제자들을 향해 먼저 그것보다 더 중요한 삶의 태도에 대해 말씀하신다. 2절에서 '사람의 미혹을 받지 않도록 주의하라.' 말씀하시며, 또한 6절에 '너희는 삼가 두려워하지 말라.'라고 말씀하신다. 언제 어떤 일이 일어나는 것보다 신앙의 자세가 더 중요한 것이다.

3. 예수님께서 말씀하신 '돌 하나도 돌 위에 남지 않고 다 무너뜨려지리라.'라고 말씀하신 때에 대한 징조에 대해 6-12절을 읽고 알맞은 것끼리 이어봅시다.

마 24:6	성도가 환난에 넘겨짐, 순교, 세상에 미움 받음
마 24:7	많은 사람의 실족, 서로 잡고, 서로 미워함
마 24:9	난리 소문
마 24:10	민족 및 나라 간의 대적, 기근, 지진
마 24:11	불법이 성함, 사랑이 식음
마 24:12	거짓 선지자가 일어남

4. 배울말씀에 나오는 '때'(3절)에 대해서 우리는 한정된 시간과 장소만이 아니라, 좀더 확장하여 고려할 필요가 있습니다. 이는 로마에 의한 예루살렘의 멸망과 관계된 예언뿐만 아니라, 앞으로 다가올 시대 속에서 언젠가 교회가 직면하게 될 종말에 대한 예고이기도 합니다. 예수님께서 우리로 하여금 명심하게 하시는 말씀은 무엇인가요? 15-28절을 읽고 이야기해 봅시다.

이단은 교회를 분열시키고 깨뜨려 자신의 집단으로 포섭하려 하기 때문에 항상 깨어 있어서 자신을 그리스도라 하여도 미혹받지 않아야 하며, 혹시 표적과 기사를 보여주면서 믿는 자들을 포섭하려는 자들에게 결코 현혹되지 않아야 한다.

1. 교회를 공격하는 이단들의 모습이 날이 갈수록 교묘해지고 있습니다. 어떻게 하면 그들을 분별할 수 있을까요?

성결교회 이단사이비대책위원회 자료에 의하면, 첫째로 그들은 신구약 66권 이외에 다른 복음에 권위를 부여하거나, 특별계시의 계속성이나 혹은 직통계시의 현재성을 주장한다. 둘째로 그들은 성경해석에 있어서 오류를 범한다. 이단사이비는 주로 문자주의적이고 은유적인 해석에 치중한다. 셋째로 그들은 사도신경 등의 정통 교리나 신앙고백을 거부한다. 넷째로 그들은 예수 그리스도의 십자가 구속의 도리를 부인한다. 다섯째로 풍수지리설이나 민간신앙을 기독교신앙과 연결시키는 혼합주의 성격이 드러난다. 여섯째로 특이한 신비체험(환상, 넘어짐, 웃음, 직통계시)을 지나치게 강조하는 신비주의 경향이 있다. 일곱째로 택함을 받은 자, 즉 기성교인만을 대상으로 삼아 자신들만이 구원받는다고 미혹한다. 여덟째로 기존교회와 차별화하여 종말의 날짜를 구체적으로 제시한다. 아홉째로 윤리적 방종으로 인해 반사회적인 결과를 가져온다. 마지막으로 그들은 자신들의 지도자를 숭배의 대상으로 삼거나 신격화한다.

2. 이단들은 교묘하게 사람들의 심리를 잘 이용합니다. 어떤 마음과 태도로 이단을 대적해야 하는지 이야기해 봅시다.

배울말씀을 보면 제자들도 때가 언제인지, 그리고 그때 어떤 일이 일어나는지에 관심을 보인다.(3절) 이처럼 사람은 보여지고 경험되는 것들에 대해 민감하기 때문에 이단들은 이 점을 공략하려 한다. 하지만 예수님께서 말씀하셨듯 우리는 말씀에 대한 이해와 확신으로 미혹을 받지 않도록 늘 경계태세를 갖추고 있어야 한다.

평신도제자훈련교재
실천하기   현대종교 홈페이지 방문하기

이단집단에 대해 풍부한 정보를 얻기 위해 '현대종교' 홈페이지를 방문하여 어떤 이단단체들이 있는지 직접 확인해 봅시다.
(현대종교 홈페이지 주소: http://www.hdjongkyo.co.kr)

학습자들이 홈페이지를 방문할 수 있도록 도와주고 궁금한 사항이 있으면 자료실을 이용하여 알아볼 수 있도록 도와준다.

새길말씀 외우기

거짓 그리스도들과 거짓 선지자들이 일어나 큰 표적과 기사를 보여 할 수만 있으면 택하신 자들도 미혹하리라 (마 24:24)

다함께 드리는 기도

1. 오늘 배운 말씀과 내용을 생각하며 다함께 기도하는 시간을 갖도록 합시다.
2. 오늘 참석한 구성원들을 위해서 이름을 불러 가며 중보의 기도를 합시다.
3. 오늘 참석하지 못한 구성원이 있으면 그 사람을 위해 더욱 뜨거운 마음으로 기도합시다.
4. 한 주간의 삶을 통해서 오늘 배우고 익힌 내용들을 삶으로 살아갈 수 있도록 기도합시다.
5. 하나님의 은혜 가운데서 한 주를 살고, 다음 모임 시간에 모두가 모일 수 있도록 기도합시다.

＊사역자로서 이 과를 마치고 난 느낌이나 소감, 다짐 등을 간단하게 말해 봅시다.

다음 모임을 위하여

1. 다음 주에 읽어야 할 성경말씀을 읽고 확인합시다.
2. 22과의 배울말씀인 골로새서 2장 6–23절을 읽고 묵상합시다.

평신도 제자 훈련 교재
평가하기

평가항목	세부사항	그렇다	그저 그렇다	아니다
인도자의 준비도	인도자는 본 과의 교육목적을 이룰 수 있도록 충분하게 준비했습니까?			
교육목표의 성취도	1. 학습자들은 자신의 잘못된 선입견과 고정관념을 버리고 순수한 마음으로 주님을 만날 준비가 되었습니까? 2. 학습자들이 예수에 대하여 지식적으로 아는(know) 단계에서 체험적으로 아는(see) 단계로 발전하고자 결단하게 되었습니까?			
학습자의 참여도	학습자들이 진지하고 적극적인 태도로 성경공부에 임했습니까?			
성경공부의 분위기	성경공부를 하는 동안 학습자들이 편안한 분위기를 느낄 수 있었습니까?			
기타 보완할 점	기타 보완할 점이나 건의사항이 있습니까?			

성경 읽기표

읽을 범위		월 일 주일	월 일 월요일	월 일 화요일	월 일 수요일	월 일 목요일	월 일 금요일	월 일 토요일
	구약	주일은 설교말씀 묵상	욥 22~24장	욥 25~27장	욥 28~30장	욥 31~33장	욥 34~36장	욥 37~39장
	신약		롬 9장	롬 10장	롬 11장	롬 12장	롬 13장	롬 14장
확인								

성경에 나타난 이단들

배울말씀 골로새서 2장 6-23절

도울말씀 갈 4:9; 5:2-4, 요일 2:22-23, 요이 1:7-11, 유 1:3-4, 딛 3:10, 벧후 2:1-22

새길말씀 그러므로 너희가 그리스도 예수를 주로 받았으니 그 안에서 행하되 (골 2:6)

이룰 목표

① 성경에 나타난 이단들이 어떤 집단이었는지 이해할 수 있다.

② 그 이단들이 어떠한 내용을 강조했었는지 깨달을 수 있다.

③ 성경에 나타난 이단들과 현재의 이단들의 모습을 비교해 볼 수 있다.

교육흐름표

20 min	**5** min	**15** min	**10** min	**10** min
O.T.	관심	탐구	관점	실천

교육진행표

구분	오리엔테이션	관심갖기	탐구하기	관점바꾸기	실천하기
제목		성경에도 이단들이 있다구요?	이단탐구	혹시, 나도 이런 생각을?	이단퇴치 게임
내용	환경 및 개요 설명	초대교회 이단들	이단연구	일상 속의 이단적 사고	역할극으로 이단 이해하기
방법	강의	강의 및 생각 나누기	성경 찾아 답하기	성경 찾기 및 성찰하기	게임활동
준비물	출석부		성경책		
시간(60분)	20분	5분	15분	10분	10분

말씀과 주제이해

성경 속에서도 이단들이 활동한 모습이 나타난다. 기독교대한성결교회 이단사이비대책위원회에서 출판한『이단사이비를 경계하라!』(2015)에서 이단사이비에 대한 더 많은 정보를 확인할 수 있다. 이 책에서 밝히고 있는 성경 속 이단에 대한 내용을 정리해보면 다음과 같다. 우선 구약시대의 이단의 특징을 살펴보면 주로 신론, 즉 하나님에 대한 태도에서 발생했다. 말하자면 하나님 말씀의 권위에 대한 도전, 하나님 대신에 가나안 신들인 바알(풍요의 남신)과 아세라(다산의 여신)을 섬기는 우상숭배의 죄, 여호와 하나님을 믿으면서도 이방신앙을 수용한 종교혼합주의적 태도를 들 수 있다.

좀더 자세히 살펴보면, 첫째로 하나님을 대적하고 인간이 신이 되고자 한 모습 속에서 이단의 모습을 발견할 수 있다. 구약성경에 나타난 최초의 이단은 "아침의 아들 계명성"이라고 표현된 사단(Satan, 거짓말쟁이 혹은 훼방자)이다. 사단은 하나님이 만드신 많은 별들 위에 자신의 보좌를 높이 세우고, 산 위에 좌정하며, 가장 높은 구름 위에 올라, "지극히 높은 자"(하나님을 지칭하는 구약의 관용적 표현)이신 하나님을 대적하였다(사 14:12-14). 그리고 사단은 여자에게 접근하여 하나님의 권위에 도전한다. "뱀이 여자에게 이르되 너희가 결코 죽지 아니하리라."(창 3:4) 사단은 창조주 하나님의 말씀을 전적으로 부정했다. 그리고는 귀가 솔깃해진 여자에게 다음의 말로써 유혹했다. "너희가 그것을 먹는 날에는 너희 눈이 밝아 하나님과 같이 되어 선악을 알 줄을 하나님이 아심이니라."(창 3:5) 사단은 철저하게 하와의 호기심을 자극했다. 열매를 따 먹으면 새로운 지식을 얻어 힘을 갖게 되고, 하나님과 같이 되어서 선악을 관정하는 존재가 된다는 것이다. 사단은 하나님의 권위에 도전하여 대적함으로, 자신을 높이고 하나님이 받을 영광을 대신하며 피조물이지만 신적 존재가 될 수 있다고 함으로써 하나님의 형상인 사람을 유혹했던 것이다. 둘째로 여호와 하나님과 우상을 동일시했다. 하나님은 이스라엘 백성을 시내산으로 인도하여 그들과 언약을 맺으셨다(출

19:5-6). 하나님이 그들과 언약을 맺으신 목적은 세상에서 자기 백성을 구별하여 거룩하게 하시고 그들을 통해 영광을 받으시려는 것이었다. 그런데 이스라엘 백성들은 시내산 아래에서 40일 동안 모세를 기다리다 지쳐서 하나님을 대신하는 금송아지 형상을 만들고 음식을 차려놓은 채 타락한 행위를 했다. 이때 제사장 아론이 금송아지 형상이 이스라엘 백성을 이집트에서 구출해낸 신이라고 선언하는 큰 죄를 범했다(출 32:4). 모세는 그들의 죄악을 보고 참을 수가 없어서 십계명의 두 돌판을 던지니 금송아지가 가루가 되고 말았다. 따라서 이스라엘 백성이 우상으로 하나님을 삼고 제사한 행위는 하나님의 계명을 어긴 영적 범죄였다. 셋째로 여호와를 버리지 않으면서 동시에 이방신을 받아들인 종교혼합주의 신앙이었다. 북왕국 여로보암 왕은 모세시대의 우상을 기억나게 하는 금송아지 형상을 만들었다. 그리고 이스라엘 백성들이 찾아와 그 형상을 향해 제사를 드리도록 했다. 여로보암은 전통적으로 신성시 되던 두 성읍, 벧엘과 단에 두 개의 금송아지 형상을 세웠고, 그것을 이집트에서 이스라엘 백성들을 건져낸 이스라엘의 신으로 선언하고 말았다(왕상 12:28). 이런 혼합주의 신앙이 예루살렘 성전의 제사를 어지럽히고 백성들을 범죄하게 만들었다. 아합은 아람의 위협으로부터 방어하기 위해 이방국가인 시돈의 공주 '이세벨'과 정략결혼을 했다(왕상 16:30-34). 무자비하고 우상숭배에 심취해 있던 이세벨이 왕후가 되면서 '바알신앙'(Baalism)을 북이스라엘에 퍼뜨리기 시작했고, 아합은 수도인 사마리아에 바알신당을 세우고, 바알과 아세라의 제사장들을 두기까지 했다. 네 번째로 배교행위였다. 남왕국 아하스 왕은 제사장 우리야에게 다메섹에 있는 앗시리아의 제단을 보고 똑같이 만들도록 명령했으며 만들어진 제단에서 제사를 드리기까지 하였다. 솔로몬 성전에 있던 옛 놋단을 치워버리고 앗시리아의 제단을 설치하여 이방신에게 제사를 드리고 만 것이다(왕하 16:7-16).

신약시대에도 다양한 이단들이 등장한다. 유대교의 배경에서 율법의 준수행위를 강조하는 율법주의, 영지주의에 입각하여 예수 그리스도를 환영(幻影)의 존재라고 고백하는 가현설, 금욕생활을 선한 것으로 강조하는 극단적 금욕주의, 큰 표적과 기사를 앞세워 인간을 신으로 섬기는 인신(人神)신앙, 점성술과 같은 허탄한 신화나 조상들의 유전을 중시하는 미신, 천사와 사단숭배, 종말을 부인하고 도덕적으로 부패하여 성적 타락을 부추기거나 율법폐기론을 주장하는 일 등이 있었다.

　좀더 자세히 살펴보면, 첫째로 율법주의는 할례나 안식일을 준수하는 행위로 인해 구원받는다고 강조했다. 사도들이 전한 복음과 교훈을 떠나 '다른 복음', 곧 유대주의(율법주의)를 따르는 자들이 있었다(갈 1:6-8). 둘째로는 표적과 기사로 인해서 인간을 신격화하는 것이었다. 바울과 바나바가 루스드라에서 앉은뱅이를 고쳐주었을 때, 사람들이 그들을 허매와 쓰스 신으로 예배하고자 했다(행 14:8-16). 셋째로는 그리스도를 환영(幻影)으로 보고 그가 참 하나님, 참 인간이 되심을 부인했다. 이와 같이 교회에 속하면서 예수 그리스도의 육체를 입으심과 참 인간되심(요이 1:7), 삼위일체 하나님과 동일하시며 아들이심(요일 2:18-23; 4:1-3), 십자가의 죽음과 부활을 부인하는 영지주의적 가현설을 신봉하는 자들이 있었다. 그리고 네 번째로 천사숭배, 의식주의, 금욕구의를 강조하는 자들이 있었다. 바울은 골로새 교회에 있었던 천사숭배신앙, 의식주의, 금욕주의를 경고하였다(골 2:16-23). 다섯 번째로 그리스도의 사자로 가장하는 거짓 사도, 궤휼의 역군, 사단의 일꾼들이 있었다(고후 11:13). 이와 관련하여 소아시아에 퍼진 이단들은 다음과 같은데, 에베소 교회에는 거짓 사도, 먹는 것을 폐하고 혼인을 금하는 금욕주의(딤전 4:1-8), 양심이 파선한 교회 훼방자들(딤전 1:19), 니골라 당의 성적 타락과 교훈(계 2:6), 서머나 교회의 사탄의 회, 사탄의 위에 있는 버가모 교회의 발람의 교훈과 우상숭배, 두아디라 교회의 자칭 선지자 이세벨과 우상숭배, 빌라델비아 교회 내부의 사탄의 회, 그리고 유럽의 빌립보 교회의 "손할례당"(빌 3:2)과 고린도 교회의 "다른 예수", "다른 영", "다른 복음"(고후 11:4) 등이 그것들이다. 여섯 번째로는 세상교훈에 근거하여 헛된 믿음을 강조하는 것이었다. 디모데전서는 다른 교훈을 가르치며 허탄한 신화와 끝없는 족보에 착념하는 이단자들을 경고한다(딤전 1:3-20). 여기서 신화와 끝없는 족보란 유대인들은 영지주의의 영향으로 만물에는 영이 있으며, 하나님과 인간 사이에는 끝없는 족보가 있다고 믿었다. 따라서 자신들의 가계를 성경의 인물들과 연결시켜 족보를 만들곤 하였다. 또한 베드로후서는 구속의 주인 예수 그리스도를 부인하는 이단자의 멸망, 거짓 사도들의 그릇된 신앙과 발람의 행실과 그들의 율법폐기론적 행실(벧후 2:2, 15), 종말론을 부정하는 이단사상을 경고했다(벧후 3:3-5). 유다서는 예수 그리스도를 부인하고 반율법적인 삶을 사는 영지주의적 이단과 성령이 없는 육에 속한 무리들을 경고했다(유 1:4, 18). 그러므로 초대교회 내부에서 활동하던 거짓 선지자들과 자칭 그리스도, 그리고 다른 복음으로 신자들을 미혹하는 자들을 말세에도 볼 것이나(마 24장, 살후 2:1-8), "저들의 입을 막고" 교회에서 나가게 하여 저들의 미혹함으로부터 교회의 순결을 유지할 것을 강권한다.

성경에도 이단들이 있다구요?

아래와 같은 말을 들어보신 적이 있으신가요? 이 말들의 공통점은 무엇일까요?
빈칸에 적어 보세요!

> * 이성적 율법주의 * 천사숭배 * 영지주의 * 육신을 학대하는 금욕주의
> * 예수의 그리스도 되심의 부인 * 그리스도의 육신으로 오심을 부인

이성적 율법주의는 율법에 대한 태도로서 이성적 논리로 율법에 접근하여 율법을 절대시하고, 천사숭배는 우리가 숭배해야 할 오직 한 분 하나님께 대한 모독일 수밖에 없고, 오직 영에 대한 절대적 신앙에 따라 육신을 학대하는 금욕주의는 비성경적인 이원론에 바탕을 두고 있다. 또 이 땅에 육신의 몸을 입고 오신 하나님을 부인하고 예수님의 인성과 신성을 부인하는 이단들이 초대교회에도 존재하였다.

이단탐구

골로새서 2장 6-23절을 읽고 다음 질문에 답해 봅시다.

1. 바울은 골로새 교회에 "철학과 헛된 속임수로 너희를 사로잡을까 주의하라."라고 권면합니다. 철학과 헛된 속임수란 무엇일까요?

사람의 전통과 세상의 학문

당시는 헬라시대를 거쳐 온 로마의 영향 하에 있었다. 그래서 학문의 꽃이던 헬라의 철학이 세계로 퍼지게 되었다. 이에 사람들이 합리적인 이성이 더 우월하다고 생각하기 시작하는데, 신앙을 해석하는 데 있어서도 이러한 태도를 갖게 된다. 이것은 사람의 전통과 세상의 학문을 예수 그리스도보다 더 높은 가치로 여기는 것이다.

2. 바울은 예수 그리스도의 구속함이 당시 믿는 자들에게 혼란과 압박을 주던 '율법주의'에서 자유하게 했다고 선포합니다. 11-17절을 읽고 그 이유를 찾아 이야기해 봅시다.

합리적인 이성을 바탕으로 한 사람들의 논리는 곧 율법에 대해 절대적인 태도를 보이게 했다. 율법의 처음 의도는 새로운 백성으로 하여금 하나님과 계약 속에서 하나님의 백성답게 살아가도록 하기 위함이었으나, 점점 시간이 흘러서는 율법에 대한 합리적, 이성적 논리와 추론에 의한 분석과 해석, 적용을 함으로써 율법이 인간 중심의 전통으로 사유화되는 결과를 초래하게 된다.

6단원 사역자는 이단을 경계해야 합니다 *143*

3. 바울은 골로새 교인들에게 천사숭배를 하지 못하게 합니다. 그 이유가 무엇인지 요한계시록 22장 8-9절을 찾아 읽어보고 함께 이야기해 봅시다.

천사에 의해 새 하늘과 새 땅을 본 요한은 그만 천사의 위엄에 엎드려 경배하려고 한다. 그런데 그 천사가 경배는 하나님께 해야한다고 이야기한다. 바울은 골로새 교회에 있었던 신비주의 이단들이 하나님은 거룩한 분이시기에 인간들에게 직접 임하시지 않고 하나님보다는 열등하되 인간들보다는 우월한 천사를 통해 자신의 모습을 보이신다고 한다는 교훈을 전했다. 그렇게 천사숭배에 대한 교리가 강조되었지만 하나님 이외 그 어떤 존재도 숭배의 대상이 될 수 없다는 것을 안다면 왜 바울이 골로새 교인들에게 천사숭배를 못하게 했는지에 대한 이유가 분명해진다. 아무리 천사숭배가 하나님 앞에서 겸손한 것이라고 그럴듯하게 가르쳐져도 거짓은 진리일 수 없다. 골로새서 2장 18절을 쉬운성경에서는 이렇게 번역했다. "일부러 겸손한 체하면서 천사 숭배를 주장하는 자들에게 속아 넘어가서 여러분이 받을 상을 놓치는 일이 없도록 삼가 조심하십시오. 그런 자들은 자신이 본 환상을 고집하면서 교만한 마음으로 육신의 조잡한 생각을 부풀려서 말합니다."

4. 당시 영적인 것들을 지나치게 강조한(18절) 영향으로 인해 상대적으로 육체가 평가절하 되곤 했습니다. 이에 대해 바울이 어떤 권면을 하고 있는지 20-23절을 읽고 이야기해 봅시다.

바울은 육체를 고통스럽게 하는 금욕적인 모습은 지혜 있는 모양인 것 같으나, 결코 마음속에 파고드는 악한 욕망과 죄를 이겨내게 할 수 없다고 단정한다. 하지만 바울도 자기 몸을 가혹하게 다룬 적이 있다. "내가 내 몸을 쳐 복종하게 함은 내가 남에게 전파한 후에 자신이 도리어 버림을 당할까 두려워함이로다."(고전 9:27) 문제는 몸을 가혹하게 다룰 때에는 진정한 겸손과 자기 부인으로 인한 것이어야 한다는 점이다.

1. 아래 구절들 속에 나타난 이단의 모습을 찾아 관련된 것끼리 연결해 봅시다.

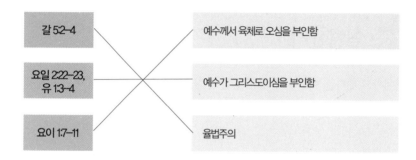

갈 5:2-4	예수께서 육체로 오심을 부인함
요일 2:22-23, 유 1:3-4	예수가 그리스도이심을 부인함
요이 1:7-11	율법주의

율법에 절대적으로 의존하거나 예수님께서 그리스도이심을 부인하는 자들이 있었다. 그리고 재림 시 예수님께서 육신의 몸을 입고 이 땅에 다시 오실 것이라는 것을 부인하는 자들도 있었다.

2. 우리의 신앙생활 속에서 나타날 수 있는 이단적인 생각들을 아래에서 찾아 V표 해봅시다.

> "우리가 좋은 일을 많이 해야 이 다음에 죽어서 천국에 갈 수 있는 거야!" (V)
>
> "예수님은 우리의 구원자로 부족한 거 아닐까?" (V)
>
> "몸에 상처를 내면서라도 자신의 욕망을 절제하는 게 진짜 신앙이지." (V)
>
> "박집사님, 우리 옆 동네에 용한 분이 계신다는데, 같이 한 번 가볼래요? 얼마나 미래를 잘 맞추는지 몰라요. 환상도 보고, 하나님이 자기에게 직통으로 말씀을 해주신다네요." (V)

위 예 모두가 이단적인 사고방식이다. 율법주의, 예수가 구원자이심을 부정하는 것, 금욕주의의 절대화, 신비주의 등과 같은 이단성이 초대교회에서 유행했다. 오늘날도 이를 절대시하면서 교인들을 미혹하는 자들이 있다.

평신도 제자훈련교재
실천하기   이단퇴치 게임

아래에서 소개하는 '이단퇴치 게임'을 함께 해보면서 성경에 나타난 이단의 내용들을 상기해 봅시다.

> 게임방식: 세 사람이 짝을 지어 게임을 한다. 한 사람은 이단의 대표가 되고, 다른 한 사람은 교회의 대표가 된다. 그리고 세 번째 사람은 각각의 대표들의 입장을 듣고 판단하는 역할을 맡는다. 세 번째 사람은 객관적으로 각각의 대표들이 하는 말만 듣고 어느 쪽으로 마음이 움직이는 지를 결정한다.

역할을 바꿔가면서 성경에 나오는 이단의 모습을 서로 변호하면서 서로 설득하기 게임을 진행해본다. 각각 1분 안에 자신의 입장을 설득해본다.

역할을 서로 바꾸어 가면서 진행할 수 있다. 이단적 주제들로는 성경에 나타나는 율법주의, 금욕주의, 합리적 지성주의, 신비주의를 활용할 수 있다. 이 게임을 통해 성경에 어떠한 이단들이 있었는지를 확인할 수 있고, 그들이 어떤 내용을 주장했는지를 이해할 수 있다. 나아가 무엇이 바른 신앙의 표준인지를 알아서 스스로 지켜나갈 수 있게 된다.

새길말씀 외우기

그러므로 너희가 그리스도 예수를 주로 받았으니 그 안에서 행하되 (골 2:6)

다함께 드리는 기도

1. 오늘 배운 말씀과 내용을 생각하며 다함께 기도하는 시간을 갖도록 합시다.
2. 오늘 참석한 구성원들을 위해서 이름을 불러 가며 중보의 기도를 합시다.
3. 오늘 참석하지 못한 구성원이 있으면 그 사람을 위해 더욱 뜨거운 마음으로 기도합시다.
4. 한 주간의 삶을 통해서 오늘 배우고 익힌 내용들을 삶으로 살아갈 수 있도록 기도합시다.
5. 하나님의 은혜 가운데서 한 주를 살고, 다음 모임 시간에 모두가 모일 수 있도록 기도합시다.

＊사역자로서 이 과를 마치고 난 느낌이나 소감, 다짐 등을 간단하게 말해 봅시다.

다음 모임을 위하여

1. 다음 주에 읽어야 할 성경말씀을 읽고 확인합시다.
2. 23과의 배울말씀인 베드로후서 3장 1-18절을 읽고 묵상합시다.

평신도제자훈련교재

평가하기

평가항목	세부사항	그렇다	그저 그렇다	아니다
인도자의 준비도	인도자는 본 과의 교육목적을 이룰 수 있도록 충분하게 준비했습니까?			
교육목표의 성취도	1. 학습자들은 자신의 잘못된 선입견과 고정관념을 버리고 순수한 마음으로 주님을 만날 준비가 되었습니까? 2. 학습자들이 예수에 대하여 지식적으로 아는(know) 단계에서 체험적으로 아는(see) 단계로 발전하고자 결단하게 되었습니까?			
학습자의 참여도	학습자들이 진지하고 적극적인 태도로 성경공부에 임했습니까?			
성경공부의 분위기	성경공부를 하는 동안 학습자들이 편안한 분위기를 느낄 수 있었습니까?			
기타 보완할 점	기타 보완할 점이나 건의사항이 있습니까?			

성경 읽기표

읽을 범위		월 일 주일	월 일 월요일	월 일 화요일	월 일 수요일	월 일 목요일	월 일 금요일	월 일 토요일
	구약	주일은 설교말씀 묵상	욥 40~42장	시 1~3편	시 4~6편	시 7~9편	시 10~12편	시 13~15편
	신약		롬 15장	롬 16장	고전 1장	고전 2장	고전 3장	고전 4장
확인								

MEMO

23 교회에 침투하는 이단들과 대처방안

평신도 제자훈련교재

배울말씀 베드로후서 3장 1-18절

도울말씀 요 4:22, 고후 10:5, 엡 4:13, 빌 4:12, 골 1:10, 딤전 2:4, 히 10:26

새길말씀 오직 우리 주 곧 구주 예수 그리스도의 은혜와 그를 아는 지식에서 자라 가라 영광이 이제와 영원한 날까지 그에게 있을지어다 (벧후 3:18)

이룰 목표

① 교회를 공격하는 이단 때문에 생기는 폐해들을 이해할 수 있다.

② 그리스도인들이 무엇 때문에 이단에 빠지는지 깨달을 수 있다.

③ 이단들에 대한 대처법을 숙지함으로 이단전도자들의 포섭행위에 미혹당하지 않을 수 있다.

교육흐름표

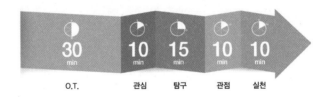

30 min	10 min	15 min	10 min	10 min
O.T.	관심	탐구	관점	실천

교육진행표

구분	오리엔테이션	관심갖기	탐구하기	관점바꾸기	실천하기
제목		신천지, 들어보신 적 있나요?	알아야 합니다	색칠해 봅시다	흔들리지 않기!
내용	환영 및 개요 설명	신천지의 실체	재림의 때	이단족보	이단에 빠지지 않기
방법	강의	생각 나누기	성경 찾아 답하기	활동 및 성찰하기	결단 및 기도하기
준비물	출석부		성경책	색연필	
시간(75분)	30분	10분	15분	10분	10분

말씀과 주제이해

「2020 2040 한국교회 미래지도」(최윤식 저, 생명의말씀사)라는 책에 의하면, 기독교인의 수가 870만으로, 국민전체의 18.7%만이 교회를 다니는 것으로 집계되었다(2005년 인구센서스 기준). 그런데 충격적인 것은 이 중 이단의 수가 150~250만에 달한다는 것이다. 이는 시간이 흐름에 따라 점점 그 통계에서 두 수치의 격차가 줄어들 가능성을 제기하고 있다. 이에 교회에 침투하고 있는 이단들에는 어떤 집단들이 있는지, 그리고 그들에 대해 우리가 어떻게 대처해야 하는지에 대한 연구가 반드시 이루어져야 한다. 베드로 사도는 당시 믿음의 공동체가 직면하고 있는 영적인 위험들, 즉 거짓 선생들의 오류와 악행들에 대항하면서 그리스도인들이 계속해서 은혜 가운데 살아가야 함을 증언했다. 그는 특히 주님의 재림이 지체됨으로 인해 회의적인 태도를 보이는 자들이 늘어남에 따라 약속에 대한 불신앙이 싹트게 되면서 이단들이 득세했는데 이에 경계를 게을리 하지 말고 자신을 굳건히 지킬 것을 촉구했다.

교회에 침투하고 있는 이단사이비들에 대한 대책에 있어서 가장 중요한 것은 스스로를 지킬 수 있는 신학과 신앙의 토대라고 할 수 있다. 다시 말해 성경, 하나님, 인간, 예수 그리스도, 성령, 구원, 교회, 종말 등에 대해 성경말씀을 토대로 바르게 이해하고 그를 기초로 한 강한 믿음이 있어야 이 세대 속에서 이단사이비들의 미혹을 이길 수 있다는 것이다.

첫째로 성경은 하나님의 말씀이요 하나님의 언약을 담은 거룩한 책이다. 성경 66권은 정경으로서 신앙과 삶의 표준이며 최고의 권위이다. 성경은 하나님의 영의 감동을 받아 저자들이 기록한, 무오한 하나님의 계시의 말씀이다. 특히 성결교회는 성경이 신적이고 인간적 요소를 포함한다는 유기적영감설(동적영감설), 본문의 문자를 선택하는 과정에도 감동하셨다는 축자영감설, 일부분이 아니라 전체가 영감되었다는 완전영감설을 강조한다. 또한 "성경은 성경이 해석한다."는 종교개혁의 해석원리를 우선적으로 강조한다.

즉 성경 전체에 흐르는 기본적인 교리를 파악하고 그 빛 아래에서 해석해야 한다는 것이다. 본문의 맥락, 역사적·문화적·사회적·문학적 배경 등을 충분히 이해해야 바르게 해석할 수 있다. 궁극적인 해석의 주체는 성경을 감동하여 기록하게 하신 성령이시다. 그리고 하나님이 친히 주시는 계시(말씀)를 통해서만 그를 알 수 있다(마 11:27). 하나님의 영원한 말씀이요, 완전한 계시는 예수 그리스도이시다(히 1:2-3, 요 1:14, 골 2:9). 계시의 완벽한 해석은 성령의 내적 조명을 통해서야 가능하다(엡 1:17-19, 고전 2:9-10; 12:3). 또한 성경의 계시판단에 있어서 몇 가지 원칙을 가지는데, 계시의 충족성(더 이상 계시는 없다.), 계시의 영감성(성령의 감동으로 기록됨, 딤후 3:16), 계시의 신성성(하나님의 말씀이므로 가감할 수 없다, 계 22:18)이 그것이다.

둘째로 하나님은 영이시다(요 4:24). 하나님은 창조주로서 말씀으로 세상을 창조하시고 자신의 형상을 닮은 인간을 만드셨다(창 1:26-27). 하나님은 구원의 주로서 예수 그리스도를 보내셔서 우리를 죄에서 구원하신다(요 3:16). 또한 하나님은 섭리의 주로서 세상을 붙드셔서 보존, 통치하시고 최종의 목적을 향해 섭리하신다(느 9:6). 하나님은 사랑이시고(요일 4:16), 공의로우시며(시 119:137), 거룩하신 분이시다(사 5:16). 하나님은 공유적 속성과 비공유적 속성을 가지신, 지성과 감정과 의지의 인격체이시다. 하나님은 전지전능, 무소부재, 영원불변하신 분이시다. 하나님은 본질에 있어서 한 분이시나 세 위격으로 계신다(마 28:19, 고후 13:13). 성부와 성자와 성령으로 존재하시는 하나님은 신성과 능력과 서열과 영광에 있어서 동등하시다. 성자는 성부에게서 영원히 나오시고(요 1:14, 18), 성령은 성부와 성자에게서 나오신다(요 15:26). 성자를 통하지 않고서는 성부에게 갈 수 없다(요 14:6). 성부는 계획하시고(마 24:36), 성자는 실행하시고(요 1:18), 성령은 은총을 적용하신다(엡 1:13). 그러나 삼위 하나님은 항상 세 위격이 함께 일하신다.

셋째로 인간은 하나님의 피조물 가운데 가장 고상한 존재이며, 흙으로 빚어진 하나님의 형상을 닮은 존재이다(창 1:26-27). 하나님의 형상이란 자연적 형상(신체적 기능과 지정의), 정치적 형상(다른 피조물을 다스리고 관리하는 사명), 도덕적 형상(의와 거룩함)을 말한다. 사람은 하나님의 생기(네 페쉬, 입김, 호흡, 영-생명의 기운으로 해석함)를 받아 생령이 되었다(창 2:7). 사람은 영과 혼과 육으로 이루어진 존재이다(성경은 이분설, 삼분설 모두 언급하고 있다.). 사람은 양심을 가진 존재이며, 지성과 감정과 의지를 가지고 있는 인격적 존재이다. 사람은 하나님과 교제하고 하나님을 대신하여 다른 피조물들을 다스리는 청지기의 사명을 부여 받았다. 처음 사람은 하나님만을 순수하게 알고(참된 선한 지식), 하나님의 뜻을 잘 분별하며(의로움), 하나님과의 온전한 관계(거룩함)를 유지하도록 창조되었다. 하나님은 아담의 의로움을 보시고 하와를 만드셔서 일부일처의 가정을 이루어 인류를 퍼뜨리게 하셨다. 그런데 하와와 아담은 하나님 말씀에 불순종하여 죄를 범함으로 타락했다. 하나님 앞에서 수치를 느끼고(거룩함의 상실), 여호와의 낯을 피하여(관계의 상실), 결국 죽음 앞에 굴복하고 말았다(육적, 영적, 영원한 죽음), 즉 에덴동산에서 누리던 영원한 생명을 잃어 버린 것이다. 원죄는 죄책을 전가하고 본성의 부패성을 유전하여 인간의 마음이 악으로 기울도록 만들었다. 인간의 자범죄는 원죄의 영향으로 말미암은 현실에서의 개인의 죄를 말한다.

넷째로 예수 그리스도에 대해서 살펴보자. 예수란 "자기 백성을 죄에서 구원할 자"(마 1:21)이고, 그리스도(메시아)란 하나님으로부터 "기름부음을 받은 자"를 말한다. 이미 이름부터 하나님의 메시아로 보내심을 받은 분이심을 말해준다. 베드로는 "주는 그리스도시요 살아계신 하나님의 아들이시니이다."(마 16:16)라고 고백했다. 특히 하나님의 아들이란 영원한 출생, 동일본질, 파송하신 메시아를 의미한다. 예수 그리스도는 신성과 인성을 가지신 하나님의 아들로서 하나님과 동일본질이시다. 그리스도는 죽은 자 가운데서 다시 살아나셔서 부활의 첫 열매가 되시고, 승천하신 후 하나님 보좌 우편에 계시다가 종말에 다시 오셔서 세상을 심판하시며 천년왕국을 이루신 후 사단을 영원히 결박하시고 하나님 나라를 완성하실 것이다. 그리스도는 선지자, 제사장, 왕의 삼중직무를 가지신다. 즉 그분은 회개를 촉구하고 하나님 나라를 선포했으며 회당에서 가르치셨고 각종 병든 자들을 고치셨다. 또한 하나님과 인간 사이에 화목제물이 되시고(요일 2:2), 유일한 중보자가 되신다(딤전 2:5). 무엇보다 우리의 죄를 담당하신 하나님의 어린양으로서 죽기까지 복종하심으로 십자가에서 보혈의 피를 흘리셨다(빌 2:4-11). 십자가의 그리스도는 우리를 대신하여 대리적 형벌을 받으셨고 하나님의 의를 만족하셨다. 따라서 정통교회는 예수님의 신성을 부인하거나(에비온주의), 신성의 완전성을 부인하거나(아리우스), 인성을 부인하거나(가현설), 인성의 완전성을 부인하거나(아폴리나리우스), 그리스도의 인격을 나누거나(네스토리우스), 그의 본성들을 혼합하는(유티게스) 이단적 가르침을 거부한다.

다섯째로 성령에 대해서 살펴보자. 성령은 하나님이시며 인격체이시지 물질적 능력이 아니다. 성령은 거룩하신 하나님의 영으로서 지성, 감정, 의지를 가지셨다. 성령은 창조의 영이시고(창 1:2), 예수님의 사역에 함께하셨으며(마 3:16), 아버지의 약속하신 영으로서(행 1:4) 오순절 강림사건(행 2:1-4) 이후로 신자와 교회 안에 임하셔서 증인이 되게 하신다. 성령은 신자를 인치시고 각성케 하시며 구원의 확신을 주시고 중생하게 하신다. 또 새로운 영적 생명을 주시고 속 사람을 강건하게 하심으로 성화되게 하시고, 신자들의 마음에 내주하고 충만하게 거하신다. 또한 복음전할 능력을 주시고 다양한 은사를 주시며 성령의 열매와 성품의 열매를 맺게 하신다. 성령은 교회를 세우시고 거룩하게 하시며 하나되게 하시고 말씀과 사랑으로 충만하게 하신다. 그런데 죄가 있으면, 영적으로 나태하면, 은사를 활용하지 않으면, 성령님을 근심하게 하면 성령이 소멸될 수 있다(살전 5:19).

여섯째로 구원에 대해서 알아보자. 하나님은 사람이 범죄하여 타락함으로 인해 하나님과 원수 되었던 우리를 위해 하나님의 아들이신 예수 그리스도를 보내셔서 죄의 형벌을 대신하고 죄와 사망의 세력에서 해방하여 하나님과 화목하게 하시고 십자가에서 보배로운 피를 흘리신 그분을 믿는 자에게 값없는 하나님의 은총을 베푸셨다. 그러므로 구원은 하나님과의 관계를 회복하는 것이다. 구원은 인간의 공로와는 상관없이(엡 2:8-9) 모든 사람에게 주어지는 것이다(행 2:21, 롬 10:13, 딛 2:11). 구원은 하나님의 부르심에 믿음으로 응답한 자에게 값없이 주어지는 하나님의 은혜이다(복음적 신인협동설). 그러나 구원의 은혜를 받았어도 그 믿음을 지키지 않으면 구원을 상실할 수 있다(히 6:4-6). 선행하는 은총으로 말미암아 일어나는 회심(믿음과 회개), 물과 성령으로 하나님으로부터 거듭나는 중생, 십자가의 의에 기초하여 율법의 요구가 충족되었다고 선언하는 칭의, 아들의 생명이 들어와 죄로 인해 죽을 영혼이 의와 참된 거룩함으로 다시 태어나는 중생, 그래서 하나님의 거룩한 자녀의 신분을 회복하는 양자, 내적인 면과 외적인 면에서 실제로 거룩하게 하시는 성령의 역사로 인한 성화, 성화의 생활 중에서 순간적인 성령의 세례로 죄의 세력을 제거하고 그리스도의 형상을 닮게 되는 온전한 성화(성결), 타락하고 부패한 인간성을 온전히 벗고 하나님 앞에서 최종적으로 칭의되는 영화가 있다. 사람은 죄로 인해 하나님의 생명에서 떠나(엡 4:18) 육적, 영적으로 영원한 죽음의 권세 아래 있게 되었다. 아담의 죄(원죄)는 죄책과 본성의 부패를 가져왔고, 자연에도 영향을 주어 자연도 함께 탄식하며 하나님의 구속을 기다리고 있다(롬 8:22). 우리가 회개하고 하나님의 아들 예수 그리스도를 믿으면 죄에서 용서를 받고 하나님의 자녀가 되어 선한 일에 힘쓰며 거룩하게 살다가 하나님 나라에 들어가는 영생의 기쁨을 누리게 된다(딛 2:11-14). 그때에는 인간뿐만 아니라 자연을 포함한 온 세상이 우주적 구원을 얻게 될 것이다.

일곱째로 교회는 베드로의 신앙고백(마 16:16) 위에 세워진 거룩한 신앙 공동체이다. 구원받은 하나님의 백성의 모임이고, 그리스도의 몸을 이루며, 성도의 교제이고, 말씀선포와 성례전 집행을 위한 하나님의 기관이며, 신자들의 어머니와 같다. 교회는 그리스도의 몸으로써 하나님의 부르심을 받은 성도들의 교제를 통해 사람들을 구원하고 말씀으로 양육하며 재림을 준비하게 하는 거룩한 공동체이다. 교회는 하나님이 당신의 피 값으로 세우셨고(행

20:28), 오순절날에 성령의 강림으로 시작되었으므로 하나님이 주인이시다 (행 2-4장). 교회는 하나이고 거룩하며 보편적이고 사도적인 권위를 가진다. 성도들은 교회를 통하여 하나님을 예배하고 거룩한 예식을 집행하며 거룩한 교제를 나누고 영육의 치료를 받으며 주의 재림을 바라고 복음을 땅끝까지 전하는 선교의 사명을 가진다. 오늘의 교회는 감사와 찬양이 넘치고, 기도에 힘쓰며, 헌금으로 사랑을 나누고, 말씀과 은사로 풍성하며, 주의 만찬을 나누던 초대교회의 아름다운 모습을 회복해야 한다. 교회는 지상에 있는 한 불완전한 공동체로 존재하지만 마지막 날에 완성될 하나님 나라의 지상적 모형이다.

여덟째로 종말에 대해서 알아보자. 각 성도들에게 종말이란 "주의 재림에 있어서 모든 성도들의 구원을 완성하는 때"를 말한다. 죽음으로 인해 사람의 영혼과 육체가 분리된다. 그것은 일시적인 수면상태가 아니라 의식이 있는 분리상태이다(눅 16:20-28). 또한 영혼은 결코 소멸되는 것이 아니다. 죽음 이후의 성도들은 낙원(눅 23:43, 고후 12:2-4, 계 2:7)으로 올라가고, 불신자는 음부(신 32:22, 시 116:3, 눅 10:15, 행 2:27)로 내려가게 된다. 세상의 종말은 그리스도의 재림으로 시작된다. 재림의 징조들이 나타나고 (마 24장), 신자들이 휴거되어 공중재림하신 주님과 공중 혼인잔치에 참여한다(살전 4:17). 재림의 시기는 주님도 모르고 천사도 모른다. 오직 하나님만 아신다(막 13:32). 세상의 환란을 통과한 후 지상재림하신 주는 신자들과 함께 지상 천년왕국을 이루시고(계 20:1-8), 사단과 악한 자들을 불과 유황 못에 던지시며 크고 흰 보좌에서 심판을 행하신다(계 20:10-15). 또한 만유가 회복될 것이다(행 3:20-21). 의인들은 생명의 부활로, 악인들에게는 심판의 부활로 올 것이며, 의인들은 새 하늘과 새 땅에 들어가(벧후 3:11-13, 계 21:1) 영원토록 하나님을 예배하게 될 것이다.

아래의 기사는 국민일보에 보도된 기사입니다. 읽고 느낀 점을 이야기해 봅시다.

대학생 이정환(21·사진) 씨는 지난 2월5일 오후 11시45분쯤 인천 용현동 집 앞에서 집단 구타를 당했다. 가해자는 8개월 넘게 형, 동생하며 친하게 지내던 신천지예수교증거장막성전 신도 A(31), B(27), C(26)씨 3명이었다. 그들은 이정환 씨가 신천지 포교를 방해했다며 손찌검을 하고 무차별로 발길질을 했다. 살려달라고 소리를 지르자 입 속에 손을 넣어 저지했다. 얼굴은 피투성이가 됐고, 폭행은 30분간 이어졌다. "이 개XX야! 네가 뭘 잘못했는지 몰라? 빨리 차에 타. 안 그러면 산에 묻어버린다. 너 같은 놈 하나는 없어져도 그만이야!" 바닥에 쓰러져 머리를 움켜잡고 있던 이씨는 '이대로 끌려가면 죽는다.'는 생각에 사력을 다해 버텼다. 소리를 듣고 주민들이 달려 나왔다. 셋 중 하나가 뻔뻔하게 거짓말을 했다. "이놈이 제 여동생을 성폭행했습니다. 별 일 없으니 그냥 들어가세요." 신천지 신도들은 주민들의 만류에도 아랑곳 않고 계속 발길질을 했다. 119구급대원이 도착할 때까지도 구타가 계속됐다. 경찰에서 신천지 신도 3명은 "우리도 맞았다. 쌍방폭행이다."라며 전치2주의 진단서를 제출하고 이씨를 상해로 고소했다. 그

러나 폭행현장을 목격한 증인들은 모두 이씨가 일방적으로 폭행당했다고 증언했고, 검찰은 3월29일 이씨에게 혐의없음을 이유로 불기소 처분을 내렸다. 이씨가 신천지와 친분관계를 맺은 것은 2011년 수능시험을 친 직후 '인하대 봉사동아리인 YMCA 회원'이라고 신분을 밝힌 대학생을 만나면서부터다. 2개월간 성경공부, 여행 등을 하며 친분을 쌓았기 때문에 대학에서 수업을 마친 뒤에도 교육을 받았다. 그의 지시에 따라 인천

동암역에서 '고 하용조 목사가 이끌었던 천만큐티 운동본부 회원'이라며 포교도 했다. 그런데 지난해 6월, 자신이 활동했던 봉사동아리가 신천지이며, 회원 중 다수가 가출이나 학업포기 상태라는 사실을 알게 됐다. 그들이 한 말은 거짓이었고, 미리 설정한 콘셉트에 따라 의도적으로 속였다는 것도 분명해졌다. "신천지가 절대 아니다."라고 했던 그들의 실체를 그제서야 파악한 것이다. 이후 이씨는 자신과 비슷한 시기에 신천지에 빠진 또래들이 이단상담소에서 상담을 받을 수 있도록 연결시켜주고, 그 부모들에게 신천지에서 활동한다는 사실을 알렸다. 지난 21일 신천지 신도 3명은 인천지법에서 열린 결심공판 최후 진술에서 "깊이 반성하고 있다. 선처를 구한다."라고 말했다. 그러나 정작 집단폭행의 피해자인 이씨에게는 사과하지 않았다. 이씨는 "지금도 쫓겨 다니는 악몽을 꾸고 집에 들어설 때마다 주위를 두리번거린다."라면서 "조직폭력배처럼 집단폭행이나 하는 사이비 집단은 반드시 법의 냉엄한 심판을 받아야 한다."라고 말했다. 검찰은 이들 3명에게 각각 징역 6개월~1년을 구형했으며 선고공판은 다음달 13일 열린다. 한편 신천지 신문인 '천지일보'는 지난 7일 "집단 폭행 주장은 사실이 아니며 이씨가 눈길에 미끄러져서 다친 것이다."라고 보도했다. 인천시기독교총연합회는 "이 사건은 사이비 집단 이탈자에 대한 조직적·계획적 보복 테러이다."라면서 사건의 배후를 철저히 밝히라는 진정서를 재판부에 제출했다.

〈2013.5.27 국민일보〉

자유롭게 느낀 점을 나눈다.

한 번 이단사이비에 빠지게 되면 그곳에서 벗어나기가 쉽지 않다. 그러므로 포교활동을 위해 접근하는 이들에게 호감을 보인다거나 오히려 그들을 전도하려고 하는 행동을 삼가고 경계해야 한다.

배울말씀인 베드로후서 3장 1-18절을 읽고 물음에 답해 봅시다.

1. 예수님께서 오시겠다고 한 때보다 늦어지자, 사람들이 믿음을 잃기 시작합니다. 예수님께서는 왜 이리 더디 오실까요? 1-9절까지 읽고 이야기해 봅시다.

   한 사람이라도 멸망치 않고 모두 회개하고 돌아오기를 바라고 계시므로(9절)

2. 예수님께서 '도둑 같이' 오신다고 말씀합니다.(10절) 무슨 의미일까요?

   갑자기 오실 것이라는 의미이다. 그 때는 아무도 예상하지 못한다. 오직 하나님만 그 때를 아신다. 그러므로 사람이 그 때를 안다 하는 것은 하나님의 말씀을 자의적으로 해석하는 이단들의 소행인 것이다.

3. 그러므로 어떠한 삶을 살아야 한다고 말씀합니까? 11-15절을 읽고 이야기해 봅시다.

   세상의 미혹을 받지 않으려면 거룩하고 경건하게 살아야 하고(11절), 죄를 멀리하고 흠없이 살도록 노력해야 한다.(14절)

4. 베드로는 당시 튼튼한 믿음의 기초 위에 서 있지 못하는 사람들이 있음으로 해서 반드시 갖추어야 할 덕목을 권면합니다. 아래 구절을 찾아 읽어 보고 괄호를 채워봅시다.

> 그러므로 사랑하는 자들아 너희가 이것을 미리 알았은즉 무법한 자들의 미혹에 이끌려 너희가 굳센 데서 떨어질까 삼가라. 오직 우리 주 곧 구주 예수 그리스도의 은혜와 그를 (아는 지식에서 자라 가라) 영광이 이제와 영원한 날까지 그에게 있을지어다.
>
> (벧후 3:17-18)

성경에 대한 이해가 부족하고, 최소한의 신학적 지식마저도 겸비하지 못한 채 봉사를 하고, 심지어 직분자가 되는 그리스도인들이 많이 있다. 이단전도자들은 이러한 약점을 이용, 신앙에 관한 호기심과 지적 자극을 유발시켜 자신들의 성경세미나에 오도록 유혹하고 포섭한다. 그러므로 할 수 있는 데로 잘 가르치고 잘 배워 이단에 미혹당하지 않도록 해야 한다.

평신도 제자 훈련 교재
관점바꾸기
색칠해 봅시다

한국 내에는 수많은 이단들이 있습니다. 그들은 전문가가 아니면 분별하기 어려울 정도로 교묘한 방법을 이용하여 교회에 침투하고 있습니다. 또 구원에 대한 배타적인 선민의식을 통해 온갖 수단을 동원해서 교회를 분열시키고 교인들을 포섭하여 자신들의 교세를 확장하고 있습니다.

		명칭	창시자	대표	주소
문선명계	1	세계기독교통일신령협회(문선명집단)	문선명	문선명	청파동
	2	예수교대한감리회 애천교회(JMS, 정명석)	정명석	정명석	봉천6동
박태선계	3	한국예수교전도관부흥협회(천부교)	박태선	박윤명	부천시 범박동
	4	세계영생학회(영생교)	조희성	조희성	부천시 역곡2동
	5	한국기독교 에덴성회	이영수	이영수	용두동
	6	한국 복음교회	구인회	최총일	수원시 하월곡동
	7	실로등대 중앙교회	김풍일	김풍일	봉천4동
	8	신천지교회	이만희	이만희	안양시 관양동
	9	세계기독교 복음선교회	김순린	김순린	왕십리 한국중앙교회
	10	한국기독교 승리제단	이현석	이현석	광주시 북구 무산동
	11	기독교 대한 개혁	노량공	노영구	구의동
이유성계	12	여호와 새일교	이유성	송진모	용산구 후암동
	13	신탄 새일교	유진광	유진광	대전시 동구 소제동
	14	서울중앙교회	김화복	김화복	충정로 3가
	15	스룹바벨파	김인선	김인선	수원시 영화동
김기동계	16	기독교남침례회 성락교회	김기동	김기동	신길3동
	17	그레이스 아카데미	한만영	한만영	대치동
	18	산해원 부활의 교회	이태화	이태화	마산시 마초동
	19	예수중심교회(구, 한국 예루살렘교회)	이초석	이초석	인천시 남구 숭의3동
	20	레마 복음선교회	이명범	이명범	대치동
권신찬계	21	한국기독교복음침례회(구원파)	권신찬	권신찬	한강로 1가
	22	대한예수교침례회	이복칠	이복칠	방배동
	23	대한예수교침례회 기쁜소식 선교회	박옥수	박옥수	
	24	샛별 남원교회	김갑택	김갑택	남원시 도통동
시한부계	25	다미선교회	이장림	이장림	연남동
	26	성화선교교회	권미나	권미나	부산 금정구 장전동
	27	디베라선교교회	하방익	하방익	석촌동
	28	다니엘선교교회	전양금	전양금	보문동
	29	시온교회	이재구	이재구	일원동
	30	대방주교회	오덕임	오덕임	북구 두암동
	31	혜성교회	유복종	유복종	길음3동
	32	만민중앙교회	이재록	이재록	구로동
	33	성령쇄신봉사회	공명길	공명길	청진동
	34	한국기독교 승리제단	이현석	이현석	광주시 북구
	35	한국중앙교회	이천성	이천성	부천 중구 원종동
	36	종말복음연구회	공용복	공용복	광명시 광명 6동
국외계	37	말일성도예수그리스도교(몰몬교)	스미스		신당동 6가
	38	말일성도예수그리스도교(복원)	스미스		연회동
	39	제칠일 안식일 예수재림교(안식교)	화이트		회기동
	40	크리스천사이언스	에디		중구 필동 3가
	41	여호와의 증인	럿셀		충정로 2가

	42	새예루살렘교회		정인보	동구 학동
	43	퀘이커교			신촌동
	44	한국바하이 전국정신회	바하이		후암동
기타	45	대한 예수교 대성교회	박윤식	박윤식	노량진동
	46	예루살렘교회	원인종	원인종	마포구 도화동
	47	세계추수꾼 훈련원	이선아	이선아	광명시 철산3동
	48	마가 다락방	박지원	박지원	서구 석남동
	49	용광로교회(영복기도원)	김은혜	김은혜	휘경동
	50	주현교회	이교부	이교부	이리시 주현동
	51	천국중앙교회	원경수	원경수	평창동
	52	혜성교회	김기엽	김기엽	상도동
	53	에덴문화연구원	김민석	김민석	화곡동
	54	이스라엘 총회	김백문	김백문	정릉동
	55	용문산	나운몽	나운몽	면목동
	56	할렐루야 기도원	김계화	김계화	포천
	57	기독교 대한수도원	최조영	최조영	갈말읍 군탄리
	58	예수교회 공의회	이용도	손순조	대치동
	59	호생기도원	김영기	김영기	산척면 석천리
	60	기독교대한 에덴수도원	박인선	이금택	정릉4동
	61	엘리야 복음선교회	박명호	박명호	소초면 둔둔2리
	62	안상홍 증인회	안상홍		답십리 5동
	63	세계일가공회	양도천	양도천	충남 계룡산
	64	일월산 기도원	김성복	김성복	청기면 당동

위의 표는 한국개신교에서 이단으로 규정한 단체들입니다. 잘 살펴보고 들어본 적이 있는 단체의 명칭에 색칠을 해 봅시다.

이는 이단들의 명칭을 반복적으로 노출시킴으로써 사전에 그들과의 접촉을 방지하고자 하기 위함이다.

평신도제자훈련교재

실천하기

흔들리지 않기!

여러 가지 이유로 이단에 미혹당할 수 있습니다. 신앙생활을 하면서 구체적으로 어떻게 이단에 대처할 수 있는지 관련된 것끼리 연결해보고 그렇게 될 수 있도록 결단합시다. 또 오늘 배운 내용들을 생각하며 흔들리지 않는 믿음으로 무장하기 위해 기도합시다.

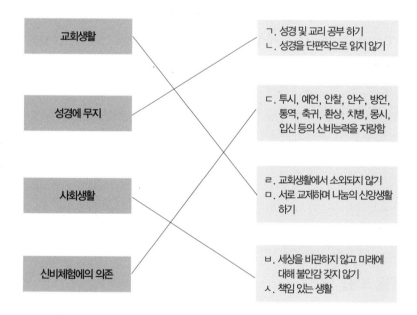

교회생활

성경에 무지

사회생활

신비체험에의 의존

ㄱ. 성경 및 교리 공부 하기
ㄴ. 성경을 단편적으로 읽지 않기

ㄷ. 투시, 예언, 안찰, 안수, 방언, 통역, 축귀, 환상, 치병, 몽시, 입신 등의 신비능력을 자랑함

ㄹ. 교회생활에서 소외되지 않기
ㅁ. 서로 교제하며 나눔의 신앙생활 하기

ㅂ. 세상을 비관하지 않고 미래에 대해 불안감 갖지 않기
ㅅ. 책임 있는 생활

새길말씀 외우기

오직 우리 주 곧 구주 예수 그리스도의 은혜와 그를 아는 지식에서 자라 가라 영광이 이제와 영원한 날까지 그에게 있을지어다 (벧후 3:18)

다함께 드리는 기도

1. 오늘 배운 말씀과 내용을 생각하며 다함께 기도하는 시간을 갖도록 합시다.
2. 오늘 참석한 구성원들을 위해서 이름을 불러 가며 중보의 기도를 합시다.
3. 오늘 참석하지 못한 구성원이 있으면 그 사람을 위해 더욱 뜨거운 마음으로 기도합시다.
4. 한 주간의 삶을 통해서 오늘 배우고 익힌 내용들을 삶으로 살아갈 수 있도록 기도합시다.
5. 하나님의 은혜 가운데서 한 주를 살고, 다음 모임 시간에 모두가 모일 수 있도록 기도합시다.

*사역자로서 이 과를 마치고 난 느낌이나 소감, 다짐 등을 간단하게 말해 봅시다.

다음 모임을 위하여

1. 다음 주에 읽어야 할 성경말씀을 읽고 확인합시다.
2. 24과의 배울말씀인 에베소서 2장 11-22절을 읽고 묵상합시다.

평신도제자훈련교재
평가하기

평가항목	세부사항	그렇다	그저 그렇다	아니다
인도자의 준비도	인도자는 본 과의 교육목적을 이룰 수 있도록 충분하게 준비했습니까?			
교육목표의 성취도	1. 학습자들은 자신의 잘못된 선입견과 고정관념을 버리고 순수한 마음으로 주님을 만날 준비가 되었습니까? 2. 학습자들이 예수에 대하여 지식적으로 아는 (know) 단계에서 체험적으로 아는(see) 단계로 발전하고자 결단하게 되었습니까?			
학습자의 참여도	학습자들이 진지하고 적극적인 태도로 성경공부에 임했습니까?			
성경공부의 분위기	성경공부를 하는 동안 학습자들이 편안한 분위기를 느낄 수 있었습니까?			
기타 보완할 점	기타 보완할 점이나 건의사항이 있습니까?			

성경 읽기표

읽을 범위		월 일 주일	월 일 월요일	월 일 화요일	월 일 수요일	월 일 목요일	월 일 금요일	월 일 토요일
	구약	주일은 설교말씀 묵상	시 16~18편	시 19~21편	시 22~24편	시 25~27편	시 28~30편	시 31~33편
	신약		고전 5장	고전 6장	고전 7장	고전 8장	고전 9장	고전 10장
확인								

24 건강한 교회는 이런 공동체입니다

평신도 제자훈련교재

배울말씀 에베소서 2장 11–22절

도울말씀 마 16:18, 행 9:1–31, 고전 1:10, 계 22:16

새길말씀 너희도 성령 안에서 하나님이 거하실 처소가 되기 위하여 그리스도 예수 안에서 함께 지어져 가느니라 (엡 2:22)

이룰 목표

① 건강한 교회는 진리에 대한 가르침과 배움이 있는 공동체임을 이해할 수 있다.

② 건강한 교회를 위해서 사역자들이 화평해야 함을 깨달을 수 있다.

③ 그리스도 예수 안에서 건강한 교회로 가꾸어 가는 실천을 할 수 있다.

교육흐름표

15 min	10 min	15 min	15 min	15 min
O.T.	관심	탐구	관점	실천

교육진행표

구분	오리엔테이션	관심갖기	탐구하기	관점바꾸기	실천하기
제목		내가 생각하는 건강한 교회는?	이런 교회가 건강한 교회입니다!	이런 교회 어때요?	건강한 교회를 지읍시다!
내용	환영 및 개요 설명	교회관 알기	유기적 공동체	복음에서 선교로	교회의 본질
방법	강의	설문법	성경 찾아 답하기	성경 찾기 및 생각 나누기	문장 만들기 및 생각 나누기
준비물	출석부		성경책		
시간(70분)	15분	10분	15분	15분	15분

말씀과 주제이해

교회는 예수 그리스도의 사랑과 은혜에 기초하여 성령님의 역사로 세워진 신앙공동체요, 이 땅에서 믿음의 공적(고전 3:13)을 삶 속에서 드러내며 다시 오실 예수 그리스도를 대망(大望)하는 자들의 모임이다. 교회는 이러한 정체성을 지킬 뿐만 아니라, 세상을 향한 소금과 빛의 사명을 감당하기 위해서 우선 그 자신이(교회가) 먼저 건강해야 한다. '교회가 건강하다'는 것은 교회를 교회답게 하는 신학, 교회의 본질(예배, 선교, 봉사, 교제, 교육), 목회자와 교인들 간의 사랑과 신뢰가 건전하게 균형을 이루고 있어야 함을 의미한다. 특히 본 단원에서 다루고 있는 이단사이비와 관련하여 교회의 건강을 지키기 위해서는 '지피지기 백전불퇴'(知彼知己 百戰不殆)라는 말처럼 내가 몸담고 있는 교회에 대해 알고, 동시에 이단사이비를 알아야 그 어떤 상황 속에서도 위태롭지 않을 수 있다. 또 교회는 자신의 건강함을 위해서 구성원 모두가 진리에 대한 가르침과 배움에 성실히 임해야 한다. 본래 우리는 무지한 자들이었다. 복음도, 진리도, 하나님의 나라도 모르는 이방인들이었다. 이것을 성경말씀에서는 '그리스도 밖에 있었다'(엡 2:12)라고 표현한다. 그래서 외인처럼, 소망 없이 하나님이 없는 자로 살 수밖에 없었다. 소망도 없으면서 소망이 있는 것처럼 속아서 살았던 것이다.

그런 우리들에게 진리가 찾아오셨다. 또한 우리는 그 진리를 구하는 믿음, 그리고 가르침과 배움의 열심을 통해 복음과 예수 그리스도, 하나님의 사랑, 하나님의 나라와 그의 계획하심을 성령님의 조명하심의 은혜에 따라 알게 된 것이다. 그러므로 이 땅에 임하신 진리를 가르치고 배우는 일은 교회의 근본적인 사명이요, 건강한 교회를 세우기 위한 초석이다. 진리이신 예수께서 그리스도이시라는 사실을 올바로 가르칠 뿐 아니라, 성경에서 말씀하는 바를 바르게 가르치고 열심을 다해 배울 때, 이단적인 가르침이 결코 교회에 침투할 수 없을 것이다. 이러한 과정이 없이는 무지에서 벗어날 수 없으며, 잘못된 교훈을 분별할 수 있는 능력을 장착할 수도 없다.

또한 건강한 교회는 세상에서 경험하지 못하는 사랑과 화평이 있어야 한다. 교회는 세상의 논리가 무력해지는 곳이요, 하나님의 공의와 은혜가 통치하는 사랑의 공간이다. 바로 이러한 사랑과 화평을 교회에서 맛볼 수 있을 때, 사회 속에서 소외, 외로움, 온갖 스트레스 등으로 힘겨워하는 백성들이 위로를 받고 새 힘을 얻게 된다. 이러한 사랑과 화평이 교회 안에 가득하도록 사역자와 교인들이 서로 노력해야 한다. 그리스도이신 예수님은 하나님과 사람의 관계를 사랑과 화평으로 회복시키셨다. 이러한 사랑과 화평이 있는 곳에 진리에 대한 진정한 고백이 가능하다. 하나님께서 세상을 창조하셨다는 고백, 예수께서 하나님의 아들이시라는 고백, 그리고 예수가 그리스도시라는 고백, 예수 그리스도의 죽으심과 부활, 그리고 다시 오심의 고백이 그것이다.

바울은 로마에서 죄수의 신분이 되었을 때, 에베소 교회에 편지를 쓰면서 그리스도인으로서의 성숙한 삶은 어떠한 모습이어야 하는지를 밝힌다. 다시 말해 예수를 그리스도로 고백하기 전, 허물과 죄로 인해 세상 풍조를 따르고, 공중권세 잡은 자를 따르며, 육체의 욕심을 따라 지냄으로 본질상 진노의 자녀였던 이들이 하나님의 크신 사랑과 예수 그리스도의 은혜로 인해 구원받은 자가 되었다면 그로부터 하나님의 백성으로서 어떤 모습으로 살아야 하는지 조목조목 편지로 가르쳐 주고 있는 것이다(엡 2:13). 바울은 그렇게 그리스도 안에서 가족 된 우리의 모습을 건축에 비유하여 설명한다. 건물을 지을 때 이곳과 저곳이 연결되지 않으면 불안정하여 튼튼할 수가 없는 것처럼 나와 너, 그리고 우리가 사랑과 화평의 관계 속에서 튼튼하게 연결되어 있어야 성전이 된다는 것이다. 성전 된 우리가 서로 연결됨으로 견고하여져서 그리스도 안에서 함께 지어갈 때, 교회가 건강할 수 있는 것이다. 교회는 진리를 가르치고 배우는 데에 열심을 다하고 서로 사랑과 화평의 기초 위에서 관계지어질 때, 건강한 공동체가 될 수 있고 맡겨진 사명을 충실하게 감당할 수 있다.

관심갖기 — 내가 생각하는 건강한 교회는?

아래는「공동체 정체성을 위한 교육목회」(손디모데 저, 예영)에 제시된 교회에 대한 질문입니다. 교회는 어떤 곳이라고 생각하는지 중요한 순서에 따라 번호를 써 봅시다.

교회는?

☐ 하나님의 말씀으로 이루어진 언약공동체이다.

☐ 마지막 목적지를 향해 나아가는 순례자들의 공동체이다.

☐ 말세에 하나님의 놀라우신 능력을 나타내기 위해 하나님께서 남겨 두신 영적공동체이다.

☐ 믿음으로 모인 순수하고 진실된 사람들의 연합공동체이다.

왜 그 순서대로 썼는지 각자의 견해를 이야기해 보도록 한다. 일반적으로 말씀을 중요시 하는 태도, 영적인 차원을 우선시 하는 태도, 성령님의 초자연적인 역사를 강조하는 태도, 신적인 초월성보다 인간 중심의 교제와 경험을 고려하고자 하는 태도를 설명한 것이다. 건강한 교회는 어느 한 부분만 중요시하기보다는 각각의 요소들이 균형을 이루어야 한다.

배울말씀인 에베소서 2장 11-22절을 읽고 물음에 답해 봅시다.

1. 바울은 에베소에 있는 공동체에 편지하면서 '너희'는 원래 어떤 사람들이었다고 말합니까? 11-12절을 잘 읽고 이야기해 봅시다.

에베소 사람들은 이방인이었다. 그들은 유대인들로부터 할례 받지 못한 사람들이라는 말을 들었으며 약속의 언약 밖에 있던 자들이었다. 그들은 세상에서 소망도 없고 하나님도 없던 자들이었다. 이처럼 교회의 구성원 모두는 처음부터 죄 없는 의로운 사람들이 아니었다. 교회는 죄인들이 모여 예수 그리스도의 사랑과 은혜로 의롭다 인정받은 사람들이 모인 공동체.

2. 그랬던 그들이 어떻게 하나님과 화목한 자들이 될 수 있었는지 13-18절을 잘 읽고 아래 빈칸을 채워봅시다.

엡 2:13	그리스도 예수 안에서 그리스도의 (피)로 가까워졌느니라
엡 2:14	중간에 막힌 담을 자기 (육체)로 허시고
엡 2:15	법조문으로 된 (계명의 율법)을 폐하셨으니
엡 2:16	원수 된 것을 (십자가)로 소멸하시고
엡 2:17	너희에게 (평안)을 전하시고
엡 2:18	(아버지)께 나아감을 얻게 하려 하심이라

하늘 보좌를 버리시고 이방인이요 죄인 된 자들을 위해 친히 육체로 오신 예수 그리스도께서 그들을 대신하여 죽으셨다. 그들은 피 흘려 대신 죽으신 예수 그리스도의 구속함으로 인해 깨어졌던 하나님과의 관계가 회복되었다. 그러므로 교회는 하나님과의 화평, 그리고 사람들과의 화평이 있는 곳이다.

3. 그렇게 하나님과의 관계가 회복된 백성들을 향해 바울은 누구라고 선언하고 있나요? 19절을 잘 읽고 이야기해 봅시다.

하나님의 권속이다. 권속은 집안사람을 이루는 구성원, 즉 가족을 의미한다. 하나님께서는 그들을 향해 가족이라 선언하셨다. 교회는 단순히 사람들이 모인 무리가 아니라, 가족이다.

4. '하나님의 권속이 된다'는 것은 그리스도 예수와 우리가 어떤 관계가 된다는 의미일까요? 20-22절을 읽고 이야기해 봅시다.

그리스도 예수는 우리의 모퉁잇돌이시고 우리는 그리스도 예수 안에서 함께 지어져 가는 존재다. 바로 이러한 관계가 건강한 교회의 모습이다. 다시 말해, 무지한 가운데 있던 사람들이 예수 그리스도의 사랑과 희생으로 하나님과의 관계가 회복됨으로 하나님과의 화평을 얻게 된 것이다. 이는 교회가 평화와 화해의 공동체가 되었음을 의미한다. 이렇게 화평함으로 가족이 된 사람들이 예수 그리스도의 믿음을 기초로 양육되고 성장하여 그리스도 예수의 일꾼으로 세워져 가는 공동체가 곧 건강한 교회인 것이다.

사도행전 9장 10-31절을 잘 읽어보고 질문에 대답해 봅시다.

10 그때에 다메섹에 아나니아라 하는 제자가 있더니 주께서 환상 중에 불러 이르시되 아나니아야 하시거늘 대답하되 주여 내가 여기 있나이다 하니

11 주께서 이르시되 일어나 직가라 하는 거리로 가서 유다의 집에서 다소 사람 사울이라 하는 사람을 찾으라 그가 기도하는 중이니라

12 그가 아나니아라 하는 사람이 들어와서 자기에게 안수하여 다시 보게 하는 것을 보았느니라 하시거늘

13 아나니아가 대답하되 주여 이 사람에 대하여 내가 여러 사람에게 들사온즉 그가 예루살렘에서 주의 성도에게 적지 않은 해를 끼쳤다 하더니

14 여기서도 주의 이름을 부르는 모든 사람을 결박할 권한을 대제사장들에게서 받았나이다 하거늘

15 주께서 이르시되 가라 이 사람은 내 이름을 이방인과 임금들과 이스라엘 자손들에게 전하기 위하여 택한 나의 그릇이라

16 그가 내 이름을 위하여 얼마나 고난을 받아야 할 것을 내가 그에게 보이리라 하시니

17 아나니아가 떠나 그 집에 들어가서 그에게 안수하여 이르되 형제 사울아 주 곧 네가 오는 길에서 나타나셨던 예수께서 나를 보내어 너로 다시 보게 하시고 성령으로 충만하게 하신다 하니

18 즉시 사울의 눈에서 비늘 같은 것이 벗어져 다시 보게 된지라 일어나 세례를 받고

19 음식을 먹으매 강건하여지니라 사울이 다메섹에 있는 제자들과 함께 며칠 있을새

20 즉시로 각 회당에서 예수가 하나님의 아들이심을 전파하니

21 듣는 사람이 다 놀라 말하되 이 사람이 예루살렘에서 이 이름을 부르는 사람을 멸하려던 자가 아니냐 여기 온 것도 그들을 결박하여 대제사장들에게 끌어 가고자 함이 아니냐 하더라

22 사울은 힘을 더 얻어 예수를 그리스도라 증언하여 다메섹에 사는 유대인들을 당혹하게 하니라

23 여러 날이 지나매 유대인들이 사울 죽이기를 공모하더니

24 그 계교가 사울에게 알려지니라 그들이 그를 죽이려고 밤낮으로 성문까지 지 키거늘

25 그의 제자들이 밤에 사울을 광주리에 담아 성벽에서 달아 내리니라

26 사울이 예루살렘에 가서 제자들을 사귀고자 하나 다 두려워하여 그가 제자 됨 을 믿지 아니하니

27 바나바가 데리고 사도들에게 가서 그가 길에서 어떻게 주를 보았는지와 주께 서 그에게 말씀하신 일과 다메섹에서 그가 어떻게 예수의 이름으로 담대히 말 하였는지를 전하니라

28 사울이 제자들과 함께 있어 예루살렘에 출입하며

29 또 주 예수의 이름으로 담대히 말하고 헬라파 유대인들과 함께 말하며 변론하 니 그 사람들이 죽이려고 힘쓰거늘

30 형제들이 알고 가이사랴로 데리고 내려가서 다소로 보내니라

31 그리하여 온 유대와 갈릴리와 사마리아 교회가 평안하여 든든히 서 가고 주를 경외함과 성령의 위로로 진행하여 수가 더 많아지니라

1. 건강한 교회는 진리를 가르치고 배우는 데 열심을 다합니다. 15-17절을 잘 읽 어보고 그와 관련하여 이야기해 봅시다.

　부활하신 예수님은 혈통으로는 유대인이었으나 그리스도 예수에 대해 무지했던 사 울에 대해 다메섹에 있는 아나니아에게 그는 전하기 위하여 택함을 받은 주님의 그 릇으로(15절), 주님을 위해 상당한 고난을 받아야 할 것이며(16절), 또한 아나니아 가 그에게 온 일은 예수께서 하신 일임을 알게 한다(17절). 이처럼 한 사람을 향한 진리의 계시가 가르침과 배움의 행동을 통해 이루어졌다. 건강한 교회는 이런 교육 적 활동이 수반되어야 한다.

2. 건강한 교회는 그리스도 예수의 희생과 사랑에 의한 화평이 있습니다. 10-19a 절을 읽고 다메섹에 있던 믿음의 공동체들의 화평을 찾아 이야기해 봅시다.

주께서 아나니아에게 환상 중에 불러 하신 말씀은 직가라 하는 거리에서 기도하고 있는 사울을 찾아가서 그에게 안수하여 다시 볼 수 있게 하라는 것이었다. 그 때 아나니아는 주께 사울의 정체를 고한다. 그는 바울은 주의 이름을 부르는 모든 사람을 결박하기 위해 대제사장으로부터 권한을 받아 이곳으로 온 자라고 말한다. 다시 말해 아나니아는 자신이 그렇게까지 해야 하는가에 대해 회의가 가졌다. 그 때 주님께서 사울을 자신이 택한 그릇으로 인정해 주셨다. 그래서 아나니아는 그 명령에 순종하여 사울을 찾아 그에게 주의 뜻을 전하고 안수함으로 다시 볼 수 있게 한다. 그 직후 사울은 즉시 세례를 받고 공동체와 함께 먹으며 건강해진다. 이 일은 그리스도 예수에 의한 화평이 이르지 못할 사람이 없음을 보여주는 모범이다. 그렇게 믿음의 공동체에 환대를 받은 사울은 세례를 통해 새로운 믿음의 공동체의 일원이 되었고 그 공동체 안에서 강건하여진다. 건강한 교회에는 누구나 맛 볼 수 있는 이러한 화평이 있어야 한다.

3. 건강한 교회는 진리이신 예수 그리스도의 고백이 그 공동체의 근본이 되어야 합니다. 19b-31절을 잘 읽고 사울이 진리이신 예수 그리스도에 대한 믿음의 고백을 어떻게 하고 있는지 찾아 이야기해 봅시다.

사울은 다메섹에서 믿음의 공동체로부터 가르침을 받아 그 즉시로 예수가 하나님의 아들이심을 전파하는 사람으로 세워진다(20절). 비록 공동체 안에 사울에 대한 선입견이 아직 있었지만 그럼에도 불구하고 사울은 더욱 힘을 얻어 예수를 그리스도라 증언한다(22절). 심지어 바울은 자신과 같은 출신인 헬라파 유대인들을 향해서도 예수님에 대한 증언을 담대히 전하는, 죽음의 위협도 불사하는 자로 새롭게 태어난다(29절). 이처럼 한 사람을 향한 가르침과 배움의 실천, 조건 없는 화평, 그리고 진리의 증언은 교회로 하여금 건강한 교회, 즉 평안하여 든든히 서 가게 하며 주를 경외함과 성령의 위로로 전진함에 따라 그 수가 많아지는 부흥을 이루게 한다.

아래의 재료를 가지고 자신이 생각하는 건강한 교회를 지어봅시다. 이야기로 만들어 서로 나누어 봅시다.

건축재료 – 하나님, 성령, 기도, 말씀, 예수 그리스도, 불신자, 가난한 자, 사랑, 일꾼,
　　　　공동체, 재림, 자연, 교육, 믿음, 구원, 하나님의 나라, 선교, 기타 등등

위 단어들을 조합하여 각자가 생각하는 건강한 교회의 이미지를 이야기해 본다. 예를 들면, "내가 생각하는 건강한 교회는 흔들리지 않는 예수 그리스도에 대한 믿음의 고백이 있고, 성령의 역사하심을 의지하여 세상 끝날까지 예수께서 허락하신 지상명령인 선교의 사명을 감당하며, 진리에 대한 참된 가르침과 배움이 항상 있고, 기도와 말씀으로 무장하여 불신자들을 구원의 길로 초청하며, 사회의 소외된 사람들을 돌보는 공동체다."

새길말씀 외우기

너희도 성령 안에서 하나님이 거하실 처소가 되기 위하여 그리스도 예수 안에서 함께 지어져 가느니라 (엡 2:22)

다함께 드리는 기도

1. 오늘 배운 말씀과 내용을 생각하며 다함께 기도하는 시간을 갖도록 합시다.
2. 오늘 참석한 구성원들을 위해서 이름을 불러 가며 중보의 기도를 합시다.
3. 오늘 참석하지 못한 구성원이 있으면 그 사람을 위해 더욱 뜨거운 마음으로 기도합시다.
4. 한 주간의 삶을 통해서 오늘 배우고 익힌 내용들을 삶으로 살아갈 수 있도록 기도합시다.
5. 하나님의 은혜 가운데서 한 주를 살고, 다음 모임 시간에 모두가 모일 수 있도록 기도합시다.

＊사역자로서 이 과를 마치고 난 느낌이나 소감, 다짐 등을 간단하게 말해 봅시다.

다음 모임을 위하여

1. 다음 주에 읽어야 할 성경말씀을 읽고 확인합시다.
2. 25과의 배울말씀인 히브리서 13장 15-16절을 읽고 묵상합시다.

평가항목	세부사항	그렇다	그저 그렇다	아니다
인도자의 준비도	인도자는 본 과의 교육목적을 이룰 수 있도록 충분하게 준비했습니까?			
교육목표의 성취도	1. 학습자들은 자신의 잘못된 선입견과 고정관념을 버리고 순수한 마음으로 주님을 만날 준비가 되었습니까? 2. 학습자들이 예수에 대하여 지식적으로 아는(know) 단계에서 체험적으로 아는(see) 단계로 발전하고자 결단하게 되었습니까?			
학습자의 참여도	학습자들이 진지하고 적극적인 태도로 성경공부에 임했습니까?			
성경공부의 분위기	성경공부를 하는 동안 학습자들이 편안한 분위기를 느낄 수 있었습니까?			
기타 보완할 점	기타 보완할 점이나 건의사항이 있습니까?			

성경 읽기표

읽을 범위		월 일 주일	월 일 월요일	월 일 화요일	월 일 수요일	월 일 목요일	월 일 금요일	월 일 토요일
	구약	주일은 설교말씀 묵상	시 34~36편	시 37~39편	시 40~42편	시 43~45편	시 46~48편	시 49~51편
	신약		고전 11장	고전 12장	고전 13장	고후 1장	고후 2장	고후 3장
확인								

MEMO

MEMO